うまくいくチームは カリスマに頼らない

個の力を生かして結果を出すリーダーシップ5つの思考習慣

三浦 将
Shoma Miura

三笠書房

プロローグ――リーダーとしての重圧にくじけそうなあなたへ

「マネージャーになりたくない」

「責任あるポストに就きたくない」


そう思う若手社員が増えているといいます。

それは、プレイングマネージャーである上司の、毎日の大変そうな姿を見て、それを自分自身の将来像に重ね合わせたくないからなのかもしれません。

これが、もし、イキイキと仕事をし、輝いているリーダーやマネージャーが身近にいたなら、自分もそうなりたいと思えるのでしょう。しかし、実際のところは日々の業務に疲れ果て、元気もなければ余裕もないリーダーの姿ばかりが目に映ってしまう。

それでは、あえて出世したくない、責任を持ちたくない、と思うのも仕方のないことなのかもしれません。

こうした状況の中で本書は、

「自分は元来リーダータイプではない」

「リーダーとしての自信が持てない」

……と、悩んでいる方に向けて書いた本です。

中でも、

「リーダーという役割を果たさなければならない」

と、なんとか頑張っている方には、自分自身が、リーダーに対する不要な思い込みや勘違いに縛られていたことに気づいて、ふっと楽な気持ちになっていただけることでしょう（その思い込みや勘違いが、あなたを苦しめているのですから）。

読み終えた後には、「自分もリーダーとしてやっていけるかもしれない」という自信が、内側からふつふつと湧いてくるはずです。

本書では、リーダーシップを発揮する具体的な手法を、体系に沿ってお伝えしていきます。その最大の特徴は、私が長年にわたって研究、試行錯誤を重ねてきた「メンタルコーチング」「アドラー心理学」「認知心理学」の3つを組み合わせた独自メソッドにもとづいているということです。単なる理論ではなく、実践の中で磨き続けてきた実学であるところに、深い自信を持っています。

どういうことか、実際の例を挙げてご説明しましょう。

Nさんは、大手金融会社のマネージャー。責任を持って仕事をしっかりとこなす気質のため、周囲からの信頼も篤く、マネージャーに抜擢されて数年がたちました。

プレイングマネージャーとして、それまでのプレイヤーの仕事に加えて、マネージャーとしての仕事もこなしているのですが、元来、自分から先頭に立つような性格ではなく、また人を引っ張っていくようなタイプでもありません。そのため、自分がリーダーとか、マネージャーに向いているとは思えませんでした。それゆえ、部下のマネジメントを避けて、ついプレイヤーとしての仕事の比重が大きくなってしまっていることに、自分でも気づいていていました。

「自分は人をリードできる人間ではない」という思いから、「リーダー」という言葉には、特に敏感に反応していました。プレイヤー時代はあんなに楽しかった職場が、マネージャーになってからは全く違ったものに見えて、心の重い日が続きました。

そんなNさんですが、私のリーダーシップ研修を受講したことがきっかけで、数回のコーチングを受けることになりました。研修とコーチングを通して、**リーダーシップやマネジメントについて、**そして、なにより**自分自身について、多くの「思い込み」に縛られていた**ことに気づいたのです。

思い込みのほとんどは、事実とは異なるものです。その思い込みを外し、自分と自分の資質を認めることによって、リーダーとしてやっていくことのプレッシャーやストレスが、どんどん軽くなっていることに気づきました。

それ以降は、部下の話をちゃんと聴き、時には部下たちに協力してもらいながら、チームの課題を解決していくことができるようになりました。

そのうち、Nさん特有のおだやかで協調性のある資質が、**部下たちを後ろから支えるリーダー**として、自分が思う以上の力を発揮していけることを実感したのです。

このような過程を通して、Nさんの毎日は輝きを取り戻し、その謙虚で思いやりに満ちた行動とリーダーシップが、部下たちから篤く信頼されるようになりました。

人には、様々な気質やタイプがあります。リーダーというと、発言力が強く、グイグイと人を引っ張っていくようなタイプを想像する人が多いと思います。また、「リーダーにはカリスマ性が必要」と思われている方も多いことでしょう。

しかし、実際のところ、リーダーとして活躍するのは、こういったタイプばかりではないことが、経営学の研究などでも明らかになってきました。

本書では、発言力が強く、人をグイグイ引っ張っていくタイプを**創業タイプ**、後ろに控え、部下を支えていくタイプを**守成《しゅせい》タイプ**と定義して、話を展開します（※29ページには、あなたがどちらのタイプなのかがわかる「タイプ診断」もご用意しました）。

読み進めれば、リーダーシップを発揮するためのノウハウだけでなく、あなたの潜在能力を開花させるためのヒントがたくさん得られるでしょう。

Nさんの事例は、決して特別なお話ではありません。

次は、あなたの番です。

本書が**リーダーであるあなたの〝心のエネルギー〟を上げる「勇気の書」**となるよう、願いを込めて。

第2章 「信頼関係」を構築する

第3章 「ビジョン」を創出する

第4章 「戦略」を遂行する

第5章 「成長」を支援する

第6章 「自己を管理」する

第7章 リーダーへの道【Q&A編】

本文デザイン・DTP　佐藤純、伊延あづさ（アスラン編集スタジオ）
イラスト　吉村堂（アスラン編集スタジオ）

第1章

リーダーシップの誤解

引っ張るだけのリーダーには限界がある

リーダーに向き不向きはない

なぜ組織には「リーダーシップ」が必要なのでしょうか？
そもそも、リーダーシップとはなんでしょうか？

リーダーシップとは、「変化に対応する力」です。

世の中、様々なことが常に変化しています。気候の変化、政治の変化、経済の変化、社会の変化……そして昨今では、ＡＩやバイオ、医療技術などのテクノロジーが著しい変化、成長を見せています。それらに合わせ、マーケットも変化し、人の心も変化し、売れ筋商品や、求められるサービスも急激に変化しているのです。

そんな中、ビジネスの世界ではいとも簡単に「今日の正解」が「明日の不正解」になる、ということが起こり得ます。今日は「金《かね》のなる木」でも、明日には「不採算事業」に陥る可能性すらあり、同じポートフォリオ（事業構成）のままビジネスを続けていては、業界によっては、わずか数年でさえ事業を継続させることは困難なのです。

そこで必要なのが「変化に対応する力」、すなわちリーダーシップです。

日本という国が、平成の30年間に世界の先進諸国に比べ、大きく地盤沈下をしてしまったのも、このリーダーシップの欠如に最大の要因があったと言っても過言ではないでしょう。

変化に対応し、カオスをまとめる

急激な変化により、将来が見えなくなっていたり、それまでのビジネスが通用しなくなることが予想されている状態では、組織はカオス（混沌）に陥り、従業員の心は不安や心配でいっぱいになります。

そんなとき、**そのカオスをまとめ、秩序ある状態にするのがリーダーの役割であり、リーダーシップの力です。**経営者は、組織全体を秩序ある状態にし、部門長は、担当部署を秩序ある状態にするのが役割なのです。

優れたリーダーは、それらの危機を乗り越えるだけでなく、まるでサーファーが波に乗るように変化の波を乗りこなし、ビジネスを大きくしていくことができます。

先のコロナ禍で、企業の明暗を分けたのも、リーダーシップの差によるものであったと言えるでしょう。

リーダーはすべてを自分で抱え込む必要はない

ここで、このような話を聞くと、「変化に対応するなんて、自分にはできるだろうか?」と感じる方もいらっしゃるかもしれません。

そんな方は、もしかすると、「リーダーである自分が、一人で変化に対応していかなければならない」と考えているのではないでしょうか。

確かに従来は、ビジョンから戦略・戦術まで、すべてを自分で考え、周りを力強く巻き込んで、チームを引っ張っていくタイプのリーダーが、理想のリーダーとされてきました(そして、今現在もそういったタイプのリーダーはいます)。

一方、テクノロジーの急速な発達により、世の中の変化のスピードは、指数関数的に増しています。世界を見渡せば、アマゾンの幹部が「10年後にはアマゾンは存在しない可能性もある」と語ったり、IT業界の絶対王者であるグーグルが、「チャットGPT」のような対話型AIサービスの登場について、「グーグルのビジネスの根幹を揺るがしかねない」と危機感を募らせたりしているのです。

こうした変化の激しい世の中においては、もはや、リーダーがすべてを引っ張っていくような、従来のリーダーシップでは対応しきれないレベルになっています。

いかにして、**チームメンバー一人ひとりの知識や経験、そして各々の感覚をフル稼働させながら、チーム全体で考え、施策を実行していけるような体制を作ることができるか**が、これからのリーダーには求められているのです。

逆に言えば、**リーダーは「すべてを自分で抱え込む必要はない」**ということ。むしろ、**すべてを自分で抱え込もうとするリーダーには、すぐに成長の限界がきてしまう**でしょう。

つまり、「引っ張るだけがリーダーシップではない」、そして「引っ張るだけのリーダーシップには限界がある」ということです。

リーダーのタイプと多様性

さてここでひとつ、思考実験をしてみましょう。

左ページのイラストを見てください。

ここにいる8人の中の誰かがリーダーだと仮定すると、あなたはどの人がリーダーだと思いますか？　あまり深く考えずに、直感的に「この人が多分リーダーだろう」と思う人に丸をつけてみてください。


これは、私の会社がリーダーシップ研修を行うときに、参加された企業の管理職の皆さんと行うシンプルなワークのひとつです。

あなたはどの人を選んだでしょうか？

そして選んだ理由は？

リーダーの「定義」や「観念」は、人によって違う

　これをやると、実は毎回、参加者の見方が分かれます。

　一番先頭の人をリーダーだと言う人もいれば、一番後ろの人をリーダーだと言う人もいます。はたまた一番先頭の人から少し間を空けて、2番目に歩いている人をリーダーと見なす人もいれば、そのほかの人に丸をつける人もいます。研修の参加者が30人ぐらいいると、意見が8通りに分かれることもしばしば。

　つまり、**「同じものを見ても、考えること、感じることは人によって違う」**ということです。

多様性にも通じる話ですが、**「リーダーとはこうあるべきだ」という定義や観念が一人ひとり違う**のです。

このようなワークを通じて、リーダーについて様々なとらえ方があるということを知ると、参加者の皆さんの間にかなりの驚きが広がります。

例えば、一番先頭の人を選び、**「リーダーたるもの、先頭に立ってみんなを引っ張っていく力がなければいけない」**と考えていた人は、それが当たり前で、みんなそう考えているはずと思っています。そのため、**「リーダーは、一番後ろからフォロワーを支援するもの」**と考える人や、**「先頭の人は偵察係で、先頭の人から少し離れて2番目を歩いている人がリーダー」**というような、リーダーに対するイメージが人によって違うことを知ると、非常に驚くことになります。

あるいは、「リーダーは先頭に立って、みんなを引っ張らなければいけない」と認識し、「自分はそういうタイプではないから、リーダーに向いていない」と思い込んでいる人などは、**「必ずしも先頭に立って引っ張らなくてもいいんだ」**と安心するのです。

「創業」と「守成」
――『貞観政要』に見るリーダーの2系統

このように、人によってリーダーのイメージが違うように、リーダーには様々なタイプがいます。

そこでここからは、リーダーのタイプについて詳しくお話しすることにします。

皆さんは『貞観政要《じょうがんせいよう》』という中国の書をご存じでしょうか?

長きにわたる中国史の中でも、屈指の名君と言われるのが唐王朝(618~907年)の皇帝である太宗《たいそう》(李世民《りせいみん》)です。太宗が皇帝を務めていた頃の貞観の時代は、平和で、産業が栄え、国が実によく治まっていた時代だったそうです。

『貞観政要』は、太宗皇帝と、魏徴《ぎちょう》をはじめとするその側近たちとの対話の記録であり、数多《あまた》ある「帝王学」の中でも、最も有名な書であると言えます。

日本では、あの北条政子《ほうじょうまさこ》が和訳させたと言われており、2022年放送のNHK大河ドラマ『鎌倉殿の13人』では、北条義時《よしとき》の長男で、御成敗式目《ごせいばいしきもく》を制定した鎌倉幕府3代執権北条泰時《やすとき》が、『貞観政要』を読んでいるシーンがありました。

また、『貞観政要』を読んでいた徳川家康が江戸の繁栄を築き、読んでいなかった織田信長と豊臣秀吉が自分の代だけでその栄華が終わってしまったことも、この書の特徴を物語る逸話と言えます。

「創業」と「守成」はどちらが難しいか

『貞観政要』の中で、**「創業か、守成か」**という有名な問いがあります。

わかりやすく言うと、**「国を興《おこ》すこと（創業）と、国を維持すること（守成）は、どちらが難しいか？」**ということです。

太宗は、隋《ずい》を滅ぼし、唐を興した人物。武力によって国を創業した太宗が、諫義大夫《かんぎたいふ》である房玄齢《ぼうげんれい》・杜如晦《とじょかい》・魏徴・王珪《おうけい》の4人の部下にこの問いを投げかけたのです。

諫義大夫とは、「皇帝にものを言う役職」のこと。**皇帝が間違いを犯しそうになったときに、その過失を諫《いさ》め、あるべき姿について意見を述べ、リーダーの暴走を防ぐの**

が仕事です。言わば、毎日が命懸けの仕事です。

しかし、優秀な諫義大夫がいるだけでは、国の運営はうまくいきません。太宗のすごいところは、**部下からの諫言（上司を諫める言葉）をしっかりと聴き入れる素直さがあり、今で言う心理的安全性のある環境を作ることができる皇帝**であったことです。

「創業」に長《た》けた者が、「守成」もできるとは限らない

房玄齢と杜如晦は国を興す前から、太宗に仕えていた部下。魏徴と王珪は政敵であった兄の李建成《りけんせい》に仕えていたのを、兄を倒した後に、太宗がいわばヘッドハンティングするかたちで迎え入れた部下です。――かつて自分を討とうとしていた政敵の部下を、自分の直属の部下に据えるあたりにも、太宗のとてつもない度量がうかがえます。

問いに対し、国を興したときから仕えていた房玄齢は、「創業のほうが難しい」と答えました。一方、国を興した後に大宗に仕えた魏徴は「守成のほうが難しい」と、双方その明確な理由とともに大宗に伝えました。

そして、太宗は「ともに一理あるが、今や創業の困難な時は去った。これからは守

文（守成）の困難さに、諸君とともに慎重に対処したいと思う」と4人に告げたのです。

創業の能力を持つ者が、必ずしも守成の能力を持つとは限りません。太宗は、どちらかと言うと創業タイプであり、自らが守成の能力に欠けるという認識を持っていたからこそ、この4人の諫義大夫たちを全面的に信頼し、武断《ぶだん》政治から文治《ぶんち》政治に切り替えることで、唐の繁栄を築いたのです。

このように、人には大きく分けて、創業タイプと守成タイプの人がいます。稀《まれ》に太宗皇帝や京セラの創業者である故・稲盛和夫氏のような、創業も守成もできる人もいますが、これらの人は、もともと創業タイプであったところに、大変な努力や、人間力の陶冶《とうや》を重ねて、守成の能力を伸ばしていったのだと考えられます。

あなたはどっち？　Yes／Noテストで簡単チェック！

次ページに、あなたがどちらのタイプなのかがわかる、簡単な診断テストをご用意しました。いくつかの問いに、「はい」か「いいえ」で答えてみてください。

あなたはどっち？　創業 or 守成 簡単診断テスト

Q1．大勢の前で話すことにあまり抵抗がない
はい／いいえ

Q2．やる気が出ると行動は速いが、最後までやり切るのは苦手
はい／いいえ

Q3．いろいろなことに興味があり、あれもこれもやりたくなる
はい／いいえ

Q4．どちらかと言うと、仕切りたがりだ
はい／いいえ

Q5．アイデアはあるほうだと思う
はい／いいえ

Q6．何かをやるときは、しっかり準備してから動くようにしている
はい／いいえ

Q7．効果や効率性より、働く人の気持ちをケアするほうが大切
はい／いいえ

Q8．決まった仕事も繰り返し丁寧に行うことができる
はい／いいえ

Q9．時間管理に苦手意識はない
はい／いいえ

Q10．会議での発言は多くないが、内容はちゃんと聴いている
はい／いいえ

【採点方法】
Q.1～5 → 「はい」各０点／「いいえ」各１点
Q.6～10 → 「はい」各１点／「いいえ」各０点

あなたの点数

　　　　点

点数が5点以下の人は「創業タイプ」で、6点以上の人は「守成タイプ」です。点数が少なければ少ないほど創業タイプ度合いが強く、点数が多ければ多いほど守成タイプ度が強いと考えてください。

いかがでしょうか。

これはいい悪いではなく、どちらの気質が強いかだけを測る診断です。

一般的には、創業タイプこそリーダーに向いていると思われがちですが、決してそんなことはありません。ビジネスにおいては、守成タイプのリーダーが大きな実績を残しているケースが多々あります。

そこで本書は、どちらかと言えば、**守成タイプの人が、リーダーとしてその特性をどう活かしていけばよいか**、という点にフォーカスしていきます。

一方で、**創業タイプの人は、守成という点に苦手意識**があると思いますので、唐の太宗皇帝がそうしたように、**いかにして守成のリーダーシップを身につければよいか**、本書を参考にしていただければと思います。

創業タイプと守成タイプの特徴を比べると…

創業タイプの特徴

- 発想力や集中力に優れている
- 自立心が強い
- スピード感がある
- 行動量が多い
- 大雑把
- リスクを恐れない
- ものごとの全体像をとらえようとする
- 抽象的な概念を好む
- 聴くよりも話すほうが好き
- 協調性に欠ける
- 強引でせっかち

守成タイプの特徴

- 冷静沈着
- 責任感が強い
- じっくりとものごとを進める
- よく考えてから行動する
- 緻密で性格
- リスクを取らない
- 状況を多角的に把握する
- 具体性を好む
- 傾聴力が高い
- 協調性がある
- 思いやりがある

リーダーシップの土台

リーダーシップとは「変化に対応する力」のことでした。
では、リーダーシップを発揮するために、最も重要な土台となるものはなんでしょうか？

グイグイ部下を引っ張る統率力？
切れ味鋭い戦略を立てる頭の良さ？
エネルギーに溢《あふ》れていて、カリスマ性があること？

確かにどれも、多くの人がイメージしがちなリーダー像ですが、これらよりもっと大切なものがあります。

それは

部下との信頼関係

です。

リーダーがいくら才能に溢れていても、独善的で、自己中心的で、部下との関係性をないがしろにしているようであれば、それは優れたリーダーシップを発揮しているとは言えません。よしんば、たとえ一時期、勢いよく成果を出すことができたとしても、部下との信頼関係という土台がなければ、部下がついてくることはなく、決して長続きはしないでしょう。

人はポジションパワーのみで動くわけではない

いくらリーダーに権限や地位があっても、組織の中のヒエラルキーとポジションパワーだけで人を動かそうとするのは限界があります。

例えば、ヒエラルキーの強いイメージのある軍隊でも、ひとたび砲弾が飛び交いはじめると、前線で戦う兵士たちは信頼するリーダーにしかついていかないと言われます。**どんなに権限や地位のあるリーダーであっても、心から信頼していなければ、生きるか死ぬかの場面で、自分の命を預けようと思わない**のです。

同様に、組織の上司―部下の関係においても、上司を心から信頼していなければ、部下はついていきたいとは思わないでしょう。

信頼のない関係性では、まともなリーダーシップは発揮できません。

ましてや、大きな変化や危機にある状況下では、部下の気持ちはさらに離れていってしまい、たとえリーダー自身の業務能力が高くても、変化や危機に対応することは困難になってしまうのです。

部下がリーダーに求めるのは「人として信頼できるかどうか」

リーダーは、

- **能力**という点で信頼される
- **人間性**という点で信頼される

という、2つの面を兼ね備えていることが肝心です。

能力という点では、例えば、業務の専門性、情報収集力、分析力、判断力、スピード、突破力、交渉力、洞察力、直感力、観察力、説明力、説得力……などがあります。

人間性という点では、誠実である、包容力がある、熱意がある、柔軟性がある、寛容である、プラス思考、共感力がある、忍耐強い、胆力がある、公明正大である、勇気がある、利他的である……などが挙げられます。

リーダー研修で、参加者の皆さんに「こんなリーダーがいい」「こんなリーダーはイヤだ」という観点で意見を募ると、次のような答えが返ってきます。

《こんなリーダーがいい》

話をちゃんと聴いてくれる／方向性を示してくれる／明るく前向き／率先して行動する／困ったときに助けてくれる／いいところを認めてくれる（褒めてくれる）／相手の立場に立って考えられる／ポジティブ／責任を取ってくれる／守ってくれる／部下の

能力を高めてくれる／成長させようとしてくれる／気配り、目配りができる／常に笑顔／フォローしてくれる

《こんなリーダーはイヤだ》
自分のことしか考えていない／気分にムラがある／聞く耳がない／会話をしようとしない／独りよがり／一方的／感情的／自分に甘く、人に厳しい／決断できない／言っていることがコロコロ変わる／話し合いなしで決める／威張る／自分のやり方や価値観を押し付ける／余裕がない／責任を部下に押し付ける／不公平

このように、部下はリーダーに対して、自分たちのことをちゃんと見てくれること、尊重してくれることを求めています。平たく言うならば、**何よりもまず「人として信頼できること」が最も重要**なのです。

もちろん、少なくとも部下に舐《な》められることがないレベルの能力は必要ですが、突出した能力よりも、部下がリーダーに求めることは、信頼のおける人間性であり、**「ど**

のような存在として自分たちと一緒にいてくれるのか？」という点です。

一方、多くのリーダーが語るのは「リーダーは優秀であり、能力が高くなければいけない」ということ。確かにそれに越したことはありません。

しかし、**すべての面で全員の部下よりも能力があることなど、不可能に近く、また、そうである必要もない**のです。

実のところ、部下が上司に対して求めるのは、そのことよりも、「ちゃんと話を聴いてくれる」「ちゃんと自分を理解しようとしてくれる」「ちゃんと自分を成長させようとしてくれる」というような、**上司の姿勢**にほかなりません。そして、そこに上司に対する信頼感が生まれるのです。

リーダーに求められる５つの役割

ここで、リーダーとして大切なことを整理しておきましょう。

1．信頼構築

まずは、ここまでお伝えしたリーダーシップの土台である「信頼されること」です。

信頼されるためには、誠実であると同時に、**リーダーとしての一貫性と規律性があることが肝心です。言っていることがブレない人、言行一致で、言ったことをちゃんとやる人**は、人に信頼されます。そして、それを、**規律を守ってやり続ける継続力**があれば、さらなる信頼を得ることができるでしょう。継続力は、事《こと》を成すまでやり続ける「やり抜く力」につながり、達成率が高まるのです。

また、忘れてはいけないのが**コミュニケーション**です。これは、信頼や人間関係構築が要《かなめ》となるリーダーシップに最も大切な要素です。コミュニケーションの重要性については、次章で詳しくお伝えします。

2. ビジョン創出

リーダーの大きな役割は、**「行き先を決めること」**です。

変化に対応した上で、どこに行けばいいのか？そして、どこに行きたいのか？

これらを決め、それが**チームや組織のメンバーに、共感と納得をもって受け入れられたら、それはビジョンとなります。**このビジョンを創出する力があるかないかが、単なる管理的なマネージャーか、変化に対応できるリーダーであるかの違いとなります。

3. 戦略遂行

ビジョンを定めたら、次に**ビジョンと現状のギャップを把握し、そのギャップを効果的に埋める施策**を行う必要があります。

このために考える作戦が、**戦略や戦術**であり、それらを実行するのが遂行力です。戦略や戦術というと、大ごとに聞こえるかもしれませんが、何事かを成すときには、多かれ少なかれ、こういった作戦が必要になってくるものです。

また、それらの作戦遂行のために、いかにして**チームや組織全体の心を合わせ、士気を高めていく**ことができるかどうかも、リーダーに問われるところです。

4. 成長支援

リーダーに求められることは、**チームや組織として結果を出す**ことです。プレイングマネージャーで、現場の仕事も数多くこなさなければいけない立場の人であっても、プレイヤーとしての業績だけでなく、チーム全体としての業績が問われます。

自分だけがスタープレイヤーでも、他のメンバーが十分な業績が上げられない状態では、プレイヤーとしては評価されても、リーダーとして評価されることは、まずありません。チームや組織全体の業績を上げるためには、**部下の成長支援**ができることが肝要なのです。

5．自己管理

気分にムラがあったり、感情的なリーダーは、部下にとってなかなかしんどいものです。調子がいいときはさておき、調子が悪くなると、そのネガティブな感情を周囲に撒《ま》き散らすリーダーは、チームや組織自体に大きなダメージを与えます。

大切なのは、**心身の安定**です。そのためには、自己管理をしっかりと行うことが求められます。リーダーとして**人をマネージする前に、まず自分自身をちゃんとマネージする**ことが必要ということです。

いかがでしょうか。

こうして改めて聞くと、「リーダーって大変だ」と思われた方もいらっしゃると思います。

それも、至極《しごく》当然の反応です。

リーダーに求められる5つの役割

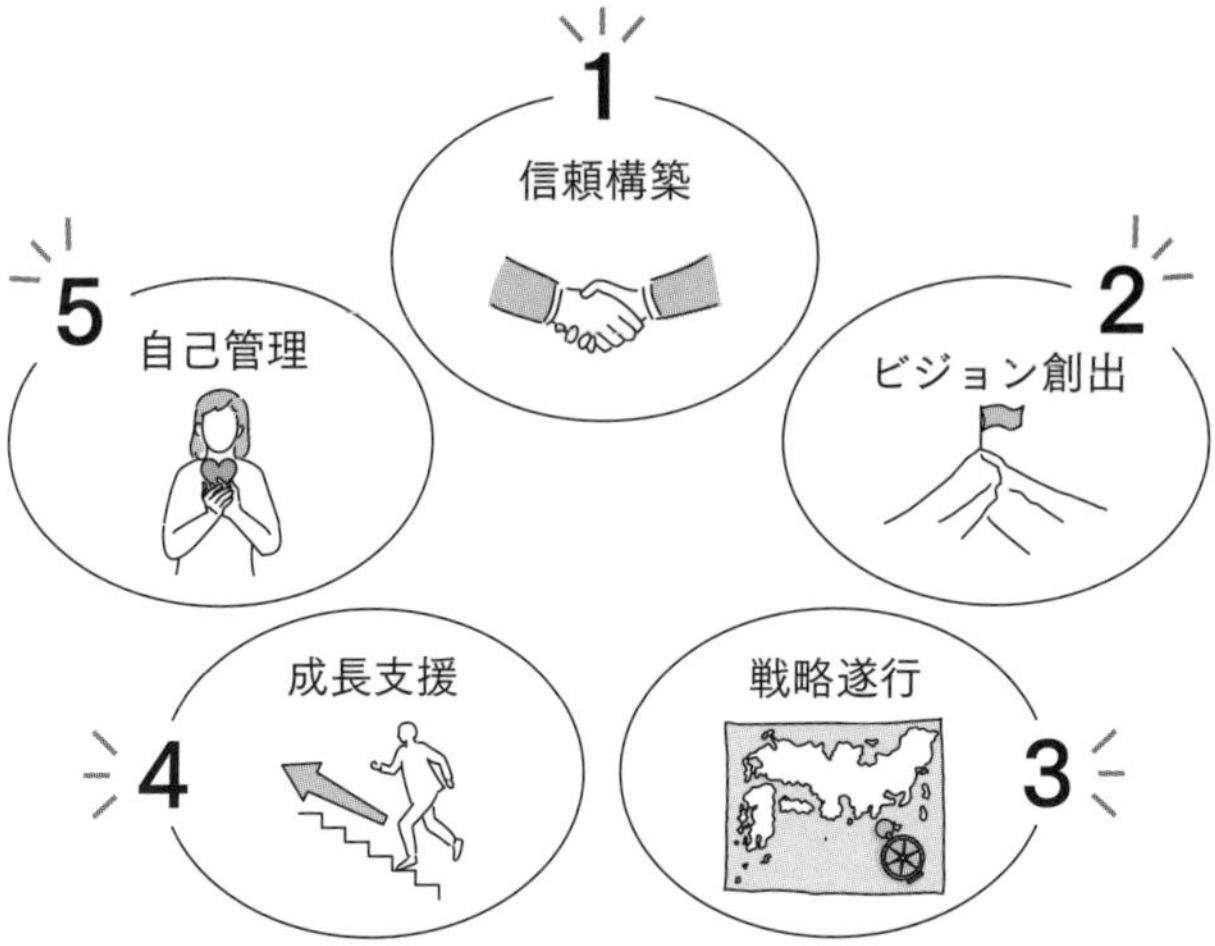

しかし、一度ちゃんと理解すると、一見大変そうに思えることでも、「なんとかなる」という気持ちになると思いますので、ご安心ください。

この後の章では、この「リーダーの5つの役割」について、詳しくお伝えしていきます。読み進めるうちに、**守成タイプの人がいかにリーダーに適しているか**が、あなたの中で明確になっていくことでしょう。

Check Point

- [x] 激しい変化の波にさらされている現代、リーダーに求められるのは「変化に対応する」力である
- [x] リーダーはすべてを自分で抱え込む必要はない。メンバー個々の力とチーム全体の力の双方を高められる体制作りを行うことが重要だ
- [x] リーダーのタイプは大きく2つ。事業を興す才に長けた「創業タイプ」と、興した事業を継続・発展させていく「守成タイプ」がある
- [x] 一人のリーダーが、創業・守成の両方の能力を持ち合わせることはめったにないので、能力を補ってくれる他者の存在が欠かせない
- [x] 部下がリーダーに求めるのは「人として信頼できるかどうか」。信頼されるには、「能力」と「人間性」の2つの面を兼ね備えていることが望ましい
- [x] リーダーの役割は5つ。【1】信頼構築【2】ビジョン創出【3】戦略遂行【4】成長支援【5】自己管理

第2章

「信頼関係」を構築する

「一貫性」と「規律性」を高め、
関係の土台を作る

相手から信頼を得るための二大要素

「リーダーシップ」というと、豪快で、チームの先頭に立ち、フォロワーたちを鼓舞しながら、仕事をガンガン進められる人のことを思い浮かべる人も多いでしょう。

しかし前述したように、リーダーに求められる本質は、**変化に対応し、望ましい未来（ビジョン）にチームや組織を到達させること**です。そのためには、必ずしも物事をガンガン進めるようなスタイルである必要はありません。

リーダーとフォロワーの間に信頼関係はあるか

さらに大切なことは、単にビジョンに到達するのではなく、**チームや組織が「どのような心身の状態で到達するか」**です。リーダーがチームの先頭に立ち、フォロワー（部下）たちを鼓舞しながら、仕事をガンガン進めても、フォロワーたちが疲弊してしまっていたり、思考停止グセがついていて、リーダーの指示にただ従うだけのチームになっていたりしたら、その先に待ち受けるのは危うい未来です。

要するに、リーダーに一定のスタイルがあるわけではなく、どんなスタイルであれ、**チームや組織を持続可能性、発展可能性の高い状態にすること**が重要なのです。

そのためには、まず**フォロワーとの信頼関係をしっかりと構築する**こと。そして**フォロワー同士の信頼関係の構築に貢献する**ことが大切です。

リーダーとフォロワーに信頼関係があり、フォロワーたちの成長支援がしっかりなされている環境であれば、仮にある時点でビジョンに到達していなくとも、今後到達する可能性は高く、またその先もさらなる高みを望むことができるのです。

部下が信頼するリーダーその①「一貫性がある」

では、私たちはどんな人を信頼するのでしょうか？

研修や講演などで参加者にこの質問をすると、真っ先に出てくる答えが、**「言行が一致していること」**

です。

つまり、**言っていることと、やっていることにブレがなく、一貫性がある**ということです。上司であるあなたの言動は、思っている以上に部下から見られています。一貫性という点においても、しっかりと見られていると思ったほうがいいでしょう。

派手で豪快に見えるけど、口先ばかりで、実行が伴わなかったり、言っていることがコロコロ変わったりするようなリーダーは、フォロワーに不安を与え、信頼してついていこうという気にさせないでしょう。信頼のためには**リーダーの言行が一致していることからくる「安心感」**が必要です。

この点、守成タイプのリーダーは、たとえ派手ではなくとも、**普段から慎重にものごとを考えて行動**します。そして、「何をどうやるか?」について、情報収集や意思決定に時間がかかるという面もありますが、**一旦決めたことについては、着実に続けることができます**。あなたが守成タイプの場合、この特性は、あなたが思っている以上にフォロワーに安心感を与えることができる、大きな強みなのです。

とは言え、問題点がないわけではありません。

そもそも守成タイプの人は、どちらかと言うと**不言実行タイプ**なので、その「何をどうやるか？」の前に、「どこに行きたいか？」「どこに向かっているのか？」がフォロワーにちゃんと伝わっていないことが多いのです。そのため、**目的や目標をしっかりとフォロワーに伝える行動や、伝わる仕組み作り**が重要です。

具体例を挙げるなら「ミーティングの前に、みんなで目標を確認する」とか「業務日誌の中に、チームの共通目標を書き込む欄を設ける」といったことです。こうした小さな積み重ねを、確実に実行していくことが大切なのです。

「どこに行きたいか？」「どこに向かっているのか？」は、目標であり、ビジョンです。ビジョンという言葉が出てくると、守成タイプの人の中には、「ビジョンを作るのは苦手なんだよな……」と感じる人もいるでしょう。ビジョンの定め方については、次の章で詳しくお伝えします。

部下が信頼するリーダーその②「規律性がある」

一貫性とともに、フォロワーからの信頼のもとになるものは、**リーダーの規律性**です。

逆に言えば、「部下に厳しく、自分に甘い」上司を信頼したいとはなかなか思えないということです。

- 自分で言ったことをちゃんとやる、そしてやり続ける
- 自分で決めたルールはちゃんと守る、そして守り続ける

このように、一度決めた以上は、途中でどんなに困難になろうとも、あれこれ言い訳をせずにやり続ける人を人は信頼します。

また、**リーダーに規律性があれば、フォロワーから信頼されるだけでなく、フォロワー自身も規律のある行動を自然と取る**ようになります。これは、リーダーが高い行動基準、規律基準を示すことで、それが**チームや組織全体のスタンダードとして浸透していく**からです。

「チームに甘えが出ないように、部下には厳しく接するようにしている」とおっしゃる人がいますが、部下に厳しくする前に、あなた自身が普段から目的達成のために規律性を持って行動することが、リーダーとしてのあり方と言ってよいでしょう。

この点、創業タイプの人は、最初の勢いはいいものの、途中から継続が怪しくなる傾向があります。また、気まぐれな面があるので、思いつきでルールをどんどん変えていき、現場を混乱させることもあります。私自身が、創業タイプのリーダーで、現場を混乱させた苦い経験がたくさんあるので、この危うさは痛感します。

一方、守成タイプの人は、ここにも適性があります。守成タイプの人は、規律をもって粛々《しゅくしゅく》と進めることは普通のことであって、逆に規律やルールがしっかりしていないと、納得がいかなかったり、不安になったりする人もいるほどです。

これは、習慣的にものごとを進めることができる「習慣力」にも関わってきます。

習慣力は、私がこれまで10冊以上の自著の中でも提唱してきた考え方で、**「望ましい習慣を身につけることができる力」**と定義しています。

「習慣力」が規律のある毎日を生みだす

例えば、

- 朝、早起きすると決めたら、早起きを続ける

- 毎回の食事を腹八分目にし、ジャンクフードや加工食品の摂取を抑えるなど、望ましい食習慣を決めたら、それを守り続ける
- ジョギングや水泳など、運動の習慣を決めたら、どんなに忙しくても、少しずつでもやり続ける
- 定時に仕事を終えると決めたら、毎日それが実現できるように仕事をする

など、これらを習慣化することができたら、あなたの毎日や、毎日の気分はどう変わるでしょうか？

そして、習慣化できない自分と習慣化できる自分とでは、これからの人生はどう変わっていくでしょうか？

このように、習慣力は人の人生に大きなインパクトを持ちます。

習慣力は規律のある毎日をつくる源となります。

習慣力に関しても、私の観察では、**守成タイプの人のほうが、根本的に優れている**と感じます。

創業タイプの私は、なにを隠そう、習慣化しようとしたことが全く続けられない人

間でした。最初の勢いだけはいいのですが、やること成すこと三日坊主。例えば、通信講座などもいくつか受講したことがありますが、完遂したことは一度もありませんでした。

あるとき「このままではマズい」と思い、「どうしたら習慣を身につけることができるか？」を研究し始めました。そして、習慣化のメカニズムを解き明かし、それを実践してみたところ、習慣力を得ることができるようになったのです。

つまり**「習慣化が苦手」と思っている人でも、望ましい習慣を身につけ、それを継続させていくためのコツを見つけた**、というわけです。

人生を大きく変える「習慣」の力

その結果、今では、毎朝、4時30分に起き、毎日5時から仕事を始めることができるようになっています（この原稿も朝の5時台に書いています）。運動も、特別な呼吸法や体操、プランクなどの自重《じじゅう》運動を毎日続けています。また、小麦や米などの炭水化物の摂取を抑えた食習慣も定着し、定期的なファスティング（断食）も行っているため、体重は、身長マイナス１０５のレベルをキープし続けられるようになりました。

習慣力を身につけてから、大袈裟な話ではなく、人生が一変したと感じます。

習慣化すると、意志の力をあまり使うことなく、セミオートマチックに行動できるようになるので、毎日の重要な活動の数々を、力を入れて頑張ってやらずとも、確実に行えます。その結果、**「気がついたら成果が上がっている」**という感覚になることも多々あるのです。

驚くことに、規律性のなかった私が、今では、人から見たらとてもストイックな人間に見えるらしいのです。私自身はストイックに取り組んでいるわけではなく、自分で見出した習慣力のメソッドに従いながら、一つひとつ実践しているだけです。

守成タイプの人は、この習慣力という点でのアドバンテージもあるので、さらにこの力を伸ばすことによって、あなた自身の毎日も変わると同時に、規律性のあるリーダーとしての信頼性もさらに増していくでしょう。

「習慣力」の身につけ方については、拙著『自分を変える習慣力』（クロスメディア・パブリッシング）に詳しく書いていますので、参考にしてみてください。

「関係性」の構築
――シナジーを生む相互作用

リーダーシップの肝は、フォロワーや周囲の人たちとの関係性の構築にあります。**リーダーシップは、率いるリーダーと率いられるフォロワーの相互作用**であり、**その作用にシナジーがあれば、チームや組織は大きな成果**を生み出します。

リーダーがいくら輝くような才能と、優れたアイデアを持っていても、周りの人たちとの関係性が悪く、フォロワーが上下関係の恐怖感で動いたり、指示にイヤイヤ従っていたりするようでは、真っ当なリーダーシップを発揮しているとは言えません。

リーダーシップとは、人と人との関係性の上に成り立つのです。

真のリーダーシップとは、ただ単にチームや組織の目的や目標を達成することだけではなく、**関連する人たちの物心両面の豊かさを達成すること**です。目標は達成し、会社の売り上げも利益も向上したけれど、従業員同士の関係性は荒れ果て、組織がガタガタになっていては、持続的な目標達成はままならないでしょう。このような状態では、優れたリーダーシップが存在しているとは言えません。

ポジションパワーに頼っていた、かつての私…

創業タイプの私は、ここでも手痛い失敗をしています。

ここで語るのもお恥ずかしい話ですが、外資系企業で数十人の部署を率いるディレクターというポジションにあった頃、部下との関係性を重視せず、組織から与えられたポジションが持つ力（ポジションパワー）だけで、指示命令をするようなリーダーだったのです。

当然ながら部署の雰囲気は停滞し、部下は面従腹背。私はディレクターの個室にこもり、そこに訪れる部下とだけ、必要最低限の話をするというありさまでした。

戦略や戦術を立てるときも、現場経験のある部下たちの意見をちゃんと聴かなかったため、的外れな施策を展開してしまったことも多々あります。案の定、チームとしての結果は出ず、私自身が追い詰められる状態となり、深い苦悩の日々が続きました。

そのような苦い経験がきっかけとなり、コミュニケーションやコーチングを深く学んだことで、関係性構築のための「人のあり方」と「スキル」を会得していった歴史があり、今に至ります。

関係性を構築したいなら、「話す」より「聴く」

手痛い失敗と、その後の深い学びの経験など、紆余曲折があってコミュニケーションのプロとなった身として、確信を持って言えることは、**関係性構築の上で最も大切なことは、「人の話をちゃんと聴くこと」**だということです。

創業タイプの人は、どちらかと言うと、人の話を聴くよりも、なにかと話したがるタイプです。一方、守成タイプの人は、**話すことは得意だとは思っていないけれど、聴くことはできる**タイプが多いのではないでしょうか。

守成タイプの人の中には、「上手に話ができる人こそが、コミュニケーションがうまい人」と思っている方が多く、自分は話すことが得意ではないので、「コミュニケーションが苦手」と思い込んでいたりします。

しかし、それは全くの思い違いです。

あなたは、話はうまいけどこちらの話をちゃんと聴いてくれない人に、どのくらい信頼感を覚えるでしょうか?

一方、話を丁寧に聴いてくれる人、あなたへの承認や共感を持って聴いてくれる人はどうでしょうか?

いくらうまく話すことができても、人の話をちゃんと聴けない人は、コミュニケーションがうまいとは言えません。反対に、話すことはあまり得意でなくても、**人の話をちゃんと聴ける人は、コミュニケーションの達人**にもなれます。

関係性構築についても同様です。**人の話をちゃんと聴ける人は、関係性構築の達人になれる**のです。

まず耳を傾けないと、自分の言葉は相手に届かない

ここで、「でも、聴いているばかりでは、リーダーとしての影響力を及ぼすことができない」と思われる方もいるかもしれません。

しかしそれも、大きな誤解です。

「聴かずに語った言葉は聴かれない」という言葉があります。

人は、自分の話をちゃんと聴いてくれない人の言葉は、素直に受け入れられないという意味です。

相手に影響力を及ぼそうと、**いくら一生懸命話しても、あなたが相手の話をちゃんと聴かないようであれば、あなたの言葉は決して相手に刺さらない**のです。

相手の話をちゃんと聴くことからスタートすると、相手はあなたに**「受け入れてもらえた」と認識**するので、今度はあなたの話をちゃんと聴こうとします。この差は想像以上に大きいです。

「こちらの話や意向をちゃんと伝えたい」「リーダーとしての影響力を及ぼしたい」と思っているなら、まずは**相手の話をちゃんと聴くことから始めるのが理にかなっているのです。**

傾聴の基本は「相手に関心を持つ」こと

ずっと自分の話ばかりしている人と、逆に、長い時間、こちらの話をたくさん聴いてくれる人とでは、印象の違いはどう変わるでしょうか。

それは、「こちらに関心があるかどうか」という感じ方の違いとなってあらわれます。

いくら話がうまくても、自分のことをずっと話し続ける人には、「こちら側に関心を持ってくれている」という印象は持ちにくい。一方、話をしっかりと聴いてくれるということは、こちら側に関心がある証拠だと、意識・無意識の両方で人は認識するのです。

単純な話、こちらに関心がありそうな人と、あまりなさそうな人と、あなたはどちらに親近感を覚えたり、信頼を寄せたりするか、ということです。

「相手に関心を持つ」「相手の話に関心を持つ」というのは、傾聴の基本です。これなしに、笑顔、うなずき、あいづちなど、形式だけの傾聴をしていても、相手にはすぐにバレてしまいます。

他人に関心を持てる守成タイプ、自分にしか関心がない創業タイプ

守成タイプの人は、周りの状況をよく観察し、会議や打ち合わせの場でも人の発言をちゃんと聴いています。ご自身で認識しているかどうかはわかりませんが、基本的に自分の外側の出来事に関心があるのです。これは、創業タイプの人が自分自身や自

分のやっていることに、より関心があるのとは正反対の傾向です。

他人に関心を持てるというのは、守成タイプの特性がリーダーに向いているという大きな要素と言えるでしょう。

ミシガン大学リサーチセンターが行った研究によると、「作業員に関心を示す現場監督は、もっと働けと命令するタイプの監督よりも大きな成果を上げている」という結果が出ています。

すなわち、**フォロワーに関心を示すリーダーは、関心を示さないリーダーよりも、リーダーとして、チーム全体の成果・実績を上げられる**のです。

経営者目線で見ても、プレイヤーとしてのみ優秀なリーダーよりも、このようなマネジメントマインドもあるリーダーに、より高い評価を与えたくなるのは自然なことではないでしょうか？

「承認」——相手の心のエネルギーを上げ、関係性の輪を広げる

人間は、承認欲求の塊《かたまり》のような生き物です。

承認とは、**相手のことを価値ある存在であると認めること**。承認の反対は否定です。相手へのダメ出しなども、承認とは反対の行為です。

人間なら誰にでもある「承認欲求」

人がSNSにハマるのも、「いいね」など、**ほかの人から承認をもらえる構造**があるからです。SNS上の投稿では、「素敵な場所へ行った」とか「美味しいものを食べた」とか「素晴らしい業績を残した」など、80％以上が自分についての投稿で、他者への情報提供などの文章は、20％以下に過ぎないと言われています。投稿目的のほとんどは、自分に対して「いいね！」を求めているのです。

「私を見て！」「承認して！」「賞賛して！」という欲求が特に強い人でなくても、「自分という存在を承認してくれたら嬉しい。やっていることを認めてもらえたら嬉しい」と思うのが人間の性《さが》です。これは、いい悪いの問題ではなく、それが人間という生き物なのだと理解しておくとよいでしょう。

そういった意味でも、**相手をちゃんと承認することは、関係性構築の肝と**なります。

リーダーはフォロワーの「心のエネルギー」を高める存在であれ

リーダーシップにおいて、**承認は「相手の心のエネルギーを上げる行為」**です。アドラー心理学で言うところの「勇気づけ」という、相手が前に進む勇気を増幅させる行為も、同様のものです。

よって、**リーダーとはフォロワーの心のエネルギーを高める存在**でありたいものです。心のエネルギーを高めることによって、**フォロワーのモチベーションは上がり、行動をしていく確率が高まり**ます。承認は相手の行動を促進していくのです。

例えば、フォロワーが一生懸命にやっていることが、まだ思うような結果につながっていないというケースがあるとします。それでも、一生懸命やっていること、そしてそれに伴う行動をしていることなどを、リーダーがちゃんと承認してあげれば、フォロワーの心のエネルギーは上がり、さらに行動量が増えたり、行動の工夫や改善など、結果を得るための積極的な行為が増えて、成果につながる確率が増していきます。

反対に、リーダーが結果だけを見て、ダメ出しをしてしまうと、フォロワーが前に進もうとする勇気はくじかれ、心のエネルギーが下がってしまうのです。リーダーがこのようなコミュニケーションを取っていては、フォロワーの成果が出る確率が高まるはずがありません。

部下を嘆く前に「承認」をしているか？

「部下たちのモチベーションが低くて困っています。部下のモチベーションを上げるにはどうしたらいいですか？」

人材育成コンサルタントとして、このような相談を受けることが多々あります。お話をよく聴くと、そのリーダー自身が、部下への承認をあまりしておらず、ダメ出しや、一方的な否定など、逆に部下の心のエネルギーを下げてしまう言動をしている場合が多々あります。

こういうとき、私はまず、その部下の方の心のエネルギーを下げる行為であるダメ出し（特に、相手の資質や性格に対するダメ出し）や、相手の勇気をくじく行為（相手が積極的にやろうとしている仕事を引き取るなど）をやめることをお願いしています。それと同時に、部下の方を積極的に承認していくように伝えるのです。

たったこれだけで、モチベーションには大きなポジティブインパクトが出てきます。

承認欲求が強い創業タイプ、相手の承認が自然にできる守成タイプ

創業タイプは、守成タイプに比べ、自分への承認欲求がより強い傾向があります。

創業タイプは、エネルギッシュで、自分をアピールすることが得意です。

また、人とのコミュニケーションにおいても、自分の話ばかりをしたり、式典などでのスピーチが長いという人もいて、こういう人は、そもそも人の話をあまり聴かない傾向があります。**自分への承認欲求が強い分、しっかりと意識をしていないと、相手への承認は疎《おろそ》かになりがち**になるのです。また、相手へのダメ出しも、ついやってしまう傾向があり、注意が必要です。

一方、守成タイプは、そもそも自己アピールやスピーチに、苦手意識がある人が多く、何事にも控えめです。もちろん、人間ですから自分への承認欲求はありますが、**相手を承認することも自然にできる人が多い**ことに特徴があります。

これをリーダーシップという観点から見てみると、守成タイプは派手ではありませんが、相手への承認のコミュニケーションができることによって、**フォロワーとの良好な関係性を確実に得ていく**ことができます。もともと、自然にできているので、意識して行うことによって、さらに関係性の輪を広げていくことができるでしょう。

承認のコミュニケーション、関係性を構築するコミュニケーションについては、拙著『リーダーのコミュニケーション習慣力』(三笠書房《知的生きかた文庫》)に詳しく書いているので、参考にしてみてください。

「ダメ出し」
――パフォーマンスとモチベーションの両方を下げる悪手

「ダメ出し」、すなわち相手に対する否定行為は、言語理解機能、未来予測機能、エラー判定機能など、言われた相手のパフォーマンスを著しく低下させます。

然《しか》るべき結果を残せなかったフォロワーに対し、リーダーとして、次からうまくいくためのコミュニケーションを取ろうとしているつもりでも、逆に相手のパフォーマンスレベルを下げ、うまくいく確率を下げるというのでは、賢い行為とは言えません。

ダメ出しは、相手の心のエネルギーも同時に低下させるので、**ダメ出しをするリーダーは、フォロワーのパフォーマンスとモチベーションの双方を下げている**のです。

これで相手によりよい結果を求めるというのは、まるで理屈に合いません。

特に、相手自身に対するダメ出し（相手の存在や能力など）は、さらにダメージが大きくなるので、厳禁と言えるでしょう。

ダメ出しは、コンプレックスの裏返し

ダメ出しは、リーダーの**優越コンプレックス**によって引き起こされることも多々あります。優越コンプレックスとは、アドラー心理学を提唱したアルフレッド・アドラーによって定義されたもので、**「自分が優れた人間であるかのように見せかけることで、自分自身の劣等感に対処する態度」**とあるように、**そもそも劣等感が根底にある心理**です。「リーダーとして優れた人間であると思われなければいけない」という焦りがある中で、必要以上にフォロワーにダメ出しをしたり、怒ったり、叱ったり、蔑《さげす》んだりすることで相手を萎縮させ、自分のほうが相手より優れた人間であるということを誇示しようとしているのです。

また、こういう行為をしていると、脳内に興奮ホルモンである「ドーパミン」が出て、快楽を覚えるという一面もあります。すなわち、**相手に行動を改善してほしいからダメ出しをするのではなく、自分の優越コンプレックスを満たすため、あるいは脳内の快楽のために、無意識に行われているケース**が多々ある、ということが問題なのです。

一方、本当に自信のある人や自己肯定感の高い人は、優越コンプレックスもないので、相手にダメ出しをしたいという衝動に駆られることはありません。だから、相手を尊重し、承認し、より関係性を構築していけるのです。

信頼なくしてリーダーシップは成り立たず

ここまで、「信頼される」ことについての様々な面を取り上げてきました。

信頼は、ビジネスの上で最も重要なことです。顧客に信頼されなければビジネスは成り立たないように、**部下に信頼されていなければ、リーダーシップは成り立ちません。**このため、リーダーは、自分の我《が》をコントロールしながら、いかにして部下と信頼関係を構築していくかが大きなカギとなります。

この「信頼される」という点において、守成タイプの人は、その特性や人となりで根本的な適性があると言えます。ここにさらに磨きをかけていけば、リーダーシップの大切な土台をしっかりと築いていくことができるでしょう。

Column 1

ダメ出しに代わるコミュニケーション

「あなたはダメだ」「あなたには才能やセンスがない」「どうしてあなたはそんな人間なんだ」「あなたは価値のない人間だ」……というような、**相手の存在自体を否定するようなダメ出しは厳禁**です。これをやると、確実に相手のパフォーマンスが落ちます。それればかりか、相手のメンタルにも影響を及ぼしかねないので、部下を育成するどころか、部下のキャリアを破壊することにもなりかねません。

脳科学の研究でも、「ダメ出し」が相手の脳の状態に悪い影響を与え、著しくパフォーマンスを低下させることがわかっています。

リーダーとしては部下に実績を出してもらいたいなら、ダメ出しは極力避けたいところ。

では、一体どうしたらよいのか？

リーダーのコミュニケーションの目的は、**部下が現状を克服し、よりよい結果を生み出すための支援をすること**です。そこで、ダメ出しをするのではなく、相手を承認しながらアドバイスを送る方法を考えてみましょう。

例えば、**うまくいっていない原因となる行動を指摘する**のも有効です。

部下の仕事のやり方がよい結果を生んでいないのであれば、**「そのやり方は結果の出にくいやり方だと思うけど、どうかな？」**と問いかけると、部下なりのリアクションが返ってきます。

あるいは、あなたの中に望ましいやり方が具体的にある場合は、**「私は○○○のやり方を取ってみるとよいと思う」**と、ストレートに伝える方法もあります。これをI《アイ》メッセージと言います。Iメッセージとは、「私は、〜と思う」という伝え方で、「こちらをやりなさい」と伝えるよりも、相手が受け取りやすいメッセージです。

また、部下の仕事に対する態度・姿勢がよくないときは「そのような態度や姿勢では、結果を残すことはできない」と明言することも大切です。そして、その後に**「あなたはもっと結果を残せると思っているのだけど、これからどのように取り組んでいく？」**と、相手への承認を含んだ言葉を投げかけてみるとよいでしょう。

Check Point

- [x] リーダーが部下に信頼されるために必要な二大要素は「一貫性」と「規律性」

- [x] 「一貫性」があるリーダーは、部下に「安心感」を与える。「規律性」があるリーダーは部下から信頼されるだけでなく、チーム全体に規律性をもたらす

- [x] リーダーシップとは、率いるリーダーと率いられるフォロワーの相互作用。その作用にシナジーが生まれれば、チームは大きな成果を生みだせる

- [x] リーダーシップは、人と人との関係性の上に成り立つ

- [x] 関係性を構築するには「相手の話」をちゃんと聴くこと。相手の声に耳を傾け、「受け入れの姿勢」を示さないと、あなたの言葉は相手に届かない

- [x] 人間は誰もが「承認欲求」を持っている。リーダーシップにおける「承認」は関係性構築の肝であり、「相手の心のエネルギー」を高める行為

- [x] 「承認」の真逆行為「ダメ出し」は、パフォーマンスとモチベーションを下げる

第3章

「ビジョン」を創出する

心がポジティブに動く「指針」を生みだす

「ビジョン」と「目標」

前章では、リーダーシップにおける「信頼関係の構築」について、お話をしてきました。守成タイプの方は、ご自身のリーダーとしての適性に自信を持っていただけたのではないかと思います。

続く本章では、リーダーとしての大事な役割の2つめ「ビジョンの構築」について、お伝えします。

おそらく、守成タイプの人の中には「ビジョン」と聞くと、「ここがあまり得意じゃないんだよな」と思われている方も多いのではないかと思います。

そんな方でも、本章を読み進めていただければ、「ビジョンを構築する」というリーダーの役割について、もっと気楽に考えられるようになり、自信を持ってビジョンの創出を進めることができるようになるでしょう。ここでも「リーダーは、○○○でなければいけない」というような固定概念を、ちょっとずつ崩していただきたいと思います。

単なる「目標」と「ビジョン」の違いはどこにあるか

そもそも、ビジョンとはなんでしょうか？

例えば、次の言葉を見て、ビジョンだと思いますか？

- 売上前年比１２５％達成
- ○○に対応する××システムの構築
- 離職率を５％以下に抑える

これらの言葉で、あなたは**それを達成した未来図**がどれだけ明確に見えましたか？

あるいは、どれだけ**心が動く**でしょうか？

例えば、「売上前年比１２５％達成」。

営業部などによく掲げられている目標です。この目標にどう反応するかは、その人の仕事についての価値観次第です。

特に、上層部からのプレッシャーが強いような達成目標の場合、メンバーの中には、モチベーションが上がるどころか、気が重くなってしまう人がいます。

実際のところ、こうした目標を見て、俄然やる気になるという人のほうが圧倒的に少ないでしょう。それでは、目標達成は危うくなります。仮に達成しても、多くの人の心と体は疲弊して、さらなる目標達成にはつながりません。

気が重くなる原因は「売り上げ125％を達成したとして、どんな明るい未来があるの？」「それが顧客にとって、どう役に立つの？」と思うからです。

これは、その人にとっての**「働く」ことの価値観と、この目標に書かれていること****が合致していない**ということです。

ビジョンとは「心がポジティブに動く目標」です。そして、その言葉を聞いた瞬間に、**それを達成した明るい未来がありありと見えるもの**です。そもそも「ビジョン」というくらいですから、明るい未来の映像が連想されるものであってほしいわけです。

つまり、先に挙げた例は「単なる目標」であって、ビジョンではないのです。

ビジョンには「達成したい明るい未来の姿」を盛り込む

ビジョンは、会社や組織単位で言うなら、**「我々の活動を通して、〇〇〇な世の中になることに貢献する」**というような、達成したい未来の姿が盛り込まれています。

例えば、私が代表を務める人材育成・組織開発支援の会社である株式会社チームダイナミクスのビジョンは、

「一人一人がありのままの自分でいきいきと働き、楽しさとあたたかさが循環する社会の創造」

と定めています。

自分たちが仕事を通じて関わらせていただく企業で働いている一人ひとりが、できるだけありのままの自分を活かしながらイキイキと働き、組織全体に貢献すること、そして楽しさとあたたかさが循環する組織になることをビジョンに描いています。

そのような組織が社会に増えていくことを願いながら、全力で仕事に取り組む。こ

のビジョンによって、チームダイナミクスのメンバーは強くつながっているのです。

私たちの会社では、研修やコーチング、コンサルティングなどのサービスを通して、それまで、「こうでなければならない」「こう見られなければいけない」というような、重い心の鎧《よろい》を着けていた人たちの鎧が外れ、自分の特徴や個性を発揮し、仲間とともに楽しく、真剣に仕事に取り組む共同体を作っていただくことを目指しています。

中には重い鎧が外れることによって、クライアント企業の人事担当の方が驚くほど、モチベーションとパフォーマンスが向上する人もいて、人間の無限の可能性を感じることができる、とてもやりがいのある仕事だと実感しています。

そして、このビジョンが、「休み明けの朝、元気に仕事に向かう人をこの社会に増やす」という当社のパーパス（活動目的）につながり、達成したい明るい未来がよりクリアになっていくのです。

チームダイナミクスのメンバーは、常にこのビジョンとパーパスに立ち返ることで、その活動にブレのないことを確認し合います。

このように、**ビジョンとは指針であり、心がポジティブに動き、達成したときの画**

像や映像が明確に見えるべきものです。

こう言うと、「ビジョンを描く」ということに対するハードルが、さらに上がったように感じる人もいるかもしれません。

でも、安心してください。

然《しか》るべきプロセスを踏めば、そのハードルはちゃんと越えることができます。

「できない理由」は脇に措く

「いろいろあるけど、本当はどうなるといい?」

これは、コーチングで最も大事な質問のひとつです。

人員、資金、施設などの内部リソースの問題、取り巻く環境の問題、現在の自分の能力の限界など、いろいろな制約はあるけれど、それらを一度取っ払って、「本当に達成したいこと」「本当に起こしたい未来」をイメージすることは、イキイキと働く毎日をつくることにとって、とても重要です。

あれやこれやと制約をかけずに最高の姿をイメージすることによって、自分や自分たちが本当に求めることが見えてきます。**「できない理由」は、一旦脇に措《お》いてみる。**こうすることで、場合によっては、かつて夢見たけれど、いつの間にかあきらめてしまっていたことが、再び熱い思いとともに蘇《よみがえ》ってくるかもしれません。

これがビジョンを描く場合に必須なのです。

ビジョンの輪を広げると、働く理由と意味につながる

さらに言えばビジョンを描くことの意味は、自分たちや自社だけに留まりません。課題や悩みを抱える顧客の明るい未来をイメージすることによって、ビジョンは、社会的にも大きな意味を持つようになります。

そして、「顧客のこういう課題やニーズに対して、自分たちが貢献することによって、こういう社会にしたい」というイメージの解像度が上がってくると、そのことに貢献している**自分たちの働く理由と意味が明確になり、達成への強いモチベーションにつながります。**そして、その活動を通して訪れる「最高の瞬間」がイメージされると、そこに向かって、組織のベクトルは一気に集中していくのです。

ビジョンの存在が、社員が精力的に働く原動力になっている象徴的なケースとして、株式会社ユーグレナの例をご紹介しましょう。

会社名にもなっているユーグレナとは、栄養豊富な藻類（ミドリムシ）で、エコロジカルな健康食品だけでなく、スキンケア商品やバイオ燃料などにも展開されています。

創業社長の出雲充《いずもみつる》さんが、学生時代、アジア最貧国のひとつであったバングラデシュを訪れたとき、栄養失調で苦しむ子どもたちを目の当たりにした原体験が、生物学への傾倒、ミドリムシの発見、そして起業、事業としての展開に駆り立てました。

ユーグレナが見つめる社会の課題は**「人の健康」と「地球の健康」**です。これらに貢献するために、ミドリムシという藻類の可能性を徹底的に追求しているのが、ユーグレナの活動です。

「人と地球を健康にする」というのが、活動目的（パーパス）であり、それは「サステナビリティ・ファースト」という経営哲学を土台としています。そして、**「産業と自然がともに生きる、新しい循環型社会の実現」**というビジョンにつながっていくのです。

これが、「本当はどうなるといい？」という質問に対するユーグレナの答えです。

このビジョンからは、**ユーグレナが開発する栄養豊富な食材や、飛行機の燃料にも使用されているバイオ燃料などを通して、社会問題が解決されていく、エコロジカルで持続可能な循環型社会の実現、そして、笑顔溢れる人々の姿**が見えてきます。

そして、ユーグレナでは、このビジョンやパーパスに心を動かされた社員の皆さんが、「最速で一歩を踏み出し、やり切る」「これ以上ないと言えるまで考えに考え抜く」「いつでも明るく楽しく前向き」という起業家精神溢れる行動指針の下《もと》で、ビジョン実現に向かって、目の前に立ちはだかる制約や課題を一つひとつ突破すべく、日々この上ないほど精力的に働いているのです。

「そんな壮大なビジョンの話をされても……」と感じる方もいらっしゃるかもしれませんね。ビジョンというものの本質を理解した上で、ここからは、**部署レベルの具体的なビジョンの話**をしていきましょう。

ビジョンを「翻訳」する

部署単位では、大きく分けると、２種類のビジョンがあります（次ページ図）。

ひとつめは、**組織全体のビジョンを、その部署のメンバーが理解しやすいように具体化（翻訳）する**もの。これには、組織全体のビジョンの文面は変えず、わかりやすいように補足説明をする場合と、元々の文面にアレンジを施す場合があります（アレンジの場合は、経営計画室や人事部など、関係各所の許可を取った上で進めることを推奨します）。

抽象的なビジョンを部署向けに変換・翻訳するのはリーダーの役目

「会社のビジョンを部下に何回も伝えているんだけど、なかなか伝わらない」ということを、「理解しない部下が悪い」というようなニュアンスでおっしゃるリーダーの方がよくいます。

部署単位でビジョンをわかりやすくする方法

組織全体のビジョンを、部署メンバーが理解しやすいよう具体化（翻訳）する

- ビジョン自体を変更する必要はない
- 抽象的な全体ビジョンを具体化して伝える必要がある
- 手間はあまりかからないが、ちゃんと伝わるかどうかはリーダーの翻訳次第

部署単位のビジョンを作る

- ビジョン自体を新たに創出する
- 手間はかかるが、浸透しやすい
- リーダーが一人で作るよりも、みんなで作るほうがスムーズ
- 創出時のファシリテーションがキー

ハッキリ言って、これは部下ではなくリーダーの責任です。

組織全体のビジョンというものは、大抵の場合、かなり抽象的な表現になっています。これは組織内の様々な人たちの状況に当てはまるように表現を考慮すると、どうしても抽象的にならざるを得ないからです。

しかし、現場はもっと具体的なことを考えています。だから、具体的に伝えてあげなければ、ピンとこないのです。つまり、**抽象的なビジョンを、その部署の状況に合わせた具体的な言葉に変換・翻訳してあげる**必要があるのです。

これは、リーダーの役目です。これをち

ゃんとやらずに、「理解しないやつが悪い」と言うのは暴論です。

翻訳がうまくいけば、ビジョンはモチベーションを上げる原動力になる

例えば、先のユーグレナの「産業と自然がともに生きる、新しい循環型社会の実現」というビジョンで言えば、「産業と自然がともに生きる」とはどういうことか？ まずこういった抽象的な表現が具体的にピンとこなければ、ビジョンの言葉を覚えること自体になんの意味もありません。

「産業と自然がともに生きる」とはどういうことかを、その部署の人間にとって、理解しやすいようなたとえやアナロジーなどを使って、ピンとくるように促す。それもリーダーの大切な仕事です。

このように、ビジョンは各部署のリーダーが具体的に翻訳して、それぞれのメンバーに理解しやすいように伝える必要があります。**その翻訳の言葉が、メンバー個々の価値観に響いてはじめて、ビジョンはその人を動かし、方向性を明確にし、モチベーションを上げていく原動力となる**のです。

チーム独自のビジョンが、メンバーのベクトルを揃える

2つめは、**部署単位のビジョンを作る**ケースです（これも、関係各所の許可を取ってから進めてください）。

部署の仕事が、会社全体のビジネスモデルや既存事業と大きく異なるケースでは、組織全体のビジョンとは別に、部署単位のビジョンが必要になる場合があります。

私の会社が関わらせていただいたＮＴＴ東日本のある部署は、それまでにないコラボレーションビジネスを展開する、発足して数カ月の特命チームでした。そのチームでは、従来のビジネスとはかなり異なり、ベンチャー的な考えや動きが要求される仕事をしていました。

慣れない仕事に戸惑うメンバーや、これまでの考えや動きが通用しないことで混乱するメンバーが多数を占め、思うように部署が機能しないことに悩んだリーダーの方からの要請で、私たちがチーム強化のお手伝いをさせていただいたわけです。

最初に取り組んだのは、チームビルディングでした。

数回のセッションを通して、チームとしてのお互いの信頼関係の土台がしっかりと築かれていきました。

次のステップは、チームとしての行動指針とビジョンの策定でした。従来とはかなり異なるビジネスを展開しているチームだったため、行動指針やビジョンは、既存の会社のものだけでは、十分ではなかったからです。

部長と数名のリーダー陣が一緒になって、主体的に部署独自のミッション、ビジョン、バリュー（行動指針）を作り上げたことで、ようやくチーム全員のベクトルが揃うことになりました。

この後、このチームは快進撃を続けることになります。大幅な売り上げ増だけでなく、2年連続の社長賞の獲得という、前例のない快挙まで成し遂げ、やがて人員もどんどん増え、翌年には50名以上のチームとなっていきました。

ミッション、ビジョン、バリュー作成のファシリテーションや、部員の研修トレーニングプラン、コーチングの実施などによって、このチームのお手伝いをした身としても、**チーム全員で明確なビジョンを作り上げることのパワー**を、まざまざと見せつけられたありがたい体験となりました。

ビジネスとは、「ビジョン」と「現状」のギャップを埋める活動

さて、ここまで説明してきたところで、「ビジョンを示すのはリーダーの仕事って言われても、ちゃんと作れる気がしない」と言いたい人がいるかもしれません。

では、ビジョンはどう作ったらいいのか？

そもそもビジョンとは、未来だけを見ていても出てきません。特にビジネスの場合は、それ以前に**「現状把握」**が必要です。例えば、マーケットリサーチなども現状把握のひとつです。

現状を正確に把握し、ビジョン（望む未来）を明確にイメージする。このプロセスがしっかり行われると、現在と望む未来の間のギャップが見えてきます。このギャップを埋める活動がビジネスです。**ギャップをしっかり埋められれば、望む未来に到達し、そのビジネスは成功**します。

戦略というと、大袈裟な言葉に聞こえるかもしれませんが、これが戦略的な考え方

の基本です。

守成タイプの強みは、現状把握が得意であること

この中で、「ビジョンを明確にイメージする」というプロセスについて、守成タイプの中には「あまり得意でない」という感覚を持たれている方が多く、創業タイプは逆にここを得意としている方が多い傾向があります。

一方で、**守成タイプは、現状把握が得意**です。守成タイプの人は、**観察力があり、状況を感知する力**があります。会議の場などでも、発言は多くはないかもしれませんが、会議で起こっていることは、ディテールなども含め、ちゃんと把握しています。また、抽象的なことよりも、具体的なことを好み、そういった意味でも、「現状を具体的に把握していないと気持ちが悪い」という感覚があるのではないでしょうか。

この点、創業タイプは、具体的な現状把握を素っ飛ばす傾向があり、そのため、ビジョンと現状とのギャップの把握が甘くなりがちです。そういった意味でも、守成タイプの強みは、この着実性です。

現状把握といっても、3C分析やSWOT分析などのビジネス分析を徹底的に行うこともあれば、そこまでやらなくてもよいこともあります。大事なことは、2次情報ばかりを集めるのではなく、現場ヒアリングなどで1次情報をしっかり集めること。こうした現状把握は守成タイプの得意とするところですから、まずはここをしっかり押さえるところから始めていただくとよいでしょう。

ビジョンはチームメンバーと一緒に作る

ここで、また「現状把握はできるけど、その先のビジョンが描けないから困っているのだ」という声が聞こえてきそうです。そういう方は、一人でビジョンを作ろうとしていませんか？

チームのビジョンを作るプロセスは、一人で抱え込んではいけません。そう、チームの皆さんと一緒に作ればいいのです。チーム全員と一緒に作り上げるのが難しい場合は、一緒に考えてくれそうな人たち数人でやる、これが秘訣です。

前述のNTT東日本のケースでは、部長と数人の課長で一緒に作りました。

では、どうしたら、チームでビジョンを創出できるのか？

ここから、チームでビジョンをつくるステップをご紹介していきましょう。

チームで作りあげる部署ビジョンの2ステップ

《ステップ1》現状把握

ステップ1は、**現在、部署を取り巻くビジネスのひと通りの把握**です。

創業タイプの人は、このステップを飛ばして、起こしたい未来に目が向きがちなのですが、逆に守成タイプの人は、ここから手をつけることで、落ち着いてスタートできるでしょう。無理をせず、得意なところから着手するのが得策です。

ステップ1は、主に3つの工程に分かれます。

【1】定量的な把握…売上／利益率、市場トレンド、顧客情報、競合情報、採用しているシステムの効率性など、数字として把握できることを改めてざっと見える化して把握する

ここでは基本的な数字に留めて、分析がtoo muchになり過ぎないようにするのがポイントです。本格的な分析はビジョンを作った後、行うのがよいでしょう。

【2】定性的な把握…チームメンバー、顧客、ベンダー、関連する他部署のキーマンなどへのインタビューを通し、取り巻く現状を多角的に把握する

ここで、リーダーのあなたが知らなかった情報や、関係者の予想外の視点などが把握できれば、非常に有益な情報になります。**現状を周りの人たちがどう感じているのか？　どんな課題や悩みがあるのか？　どうなりたいと思っているのか？**　ここに**ビジョン創出の大きなヒント**が隠されている可能性があるのです。

【3】自分自身についての把握…ビジネス環境の把握と並行して、活動の主体である自分自身のことを把握する（自己理解）

そもそも創出しようとしているビジョンは、まず**リーダーであるあなた自身の心が動くものでなければいけません**。したがって、活動の主体であるあなた自身を把握することは、ビジョン創出や、ビジョン達成に向けて大きな意味を持ちます。

一部の人は、ビジネスには感情云々よりも「勝ち筋《すじ》」が見つけられることが大切だと考える人もいます。たとえその勝ち筋のビジネスが、個人的に全く興味がないこと

でも、機械的に実践できてしまうタイプの人です。

一方、多くの人にとっては、**自身の心が動くことが、活動の原動力**になります。だから、自己理解が大切なのです。これはMBA的な思考をはじめ、従来のビジネス研究でもあまり語られることがない視点ですが、非常に重要なポイントです。

私はエグゼクティブコーチとして、多くの経営者の方々のコーチングをしてきましたが、経営者自身が自己理解を深めることで、自社のビジネスと自分とのつながりが明確になり、ビジネスが大きく発展していったケースを数多く見ています。

自己理解では、あなたの強みや弱み、価値観、個人としてのビジョンなどを書き出していくというシンプルなやり方から始めてみるのがよいと思います。あるいは、コーチングを受けて、この辺りのことを明確にしていくのも、非常に効果的です。

私が企業向けにリーダーシップ研修のプログラムを組むときは、数日にわたるプログラムの中で、必ず「自己理解」をテーマとする日を設けることにしています。参加者の自己理解を明確にするプロセスは、それくらい重要なピースなのです。

《ステップ2》ビジョン創出

ステップ2では、**チームメンバーと一緒に、チームの未来を考え**ます。

ここは、ビジョン創出のためのミーティングを開くことが重要なので、「どうやってミーティングを開くか？」にフォーカスして、できるだけシンプルにお話しします。あまり深刻に考え過ぎて、ミーティングを開くことに二の足を踏むことのないようにしてほしいと思います。

【1】ミーティング準備

①まずは参加者を選定します。**参加人数は8名以下**がベストです。これ以上多いと、意見をまとめることが大変になるので、8名以下が適正人数です。

②次に参加者への**事前アナウンス**をします。アナウンス内容は、**ミーティングの目的、ミーティングのゴール、所要時間、ミーティングにおいての参加者への具体的な期待、事前に準備してほしいこと**などを、少なくともミーティングの3日前には告知します。このとき、キーマンとなりそうな部下には、事前に主旨を対面で伝え、成功に向けて協力・貢献依頼をしておくのがよいでしょう。

ミーティングの所要時間は、3〜4時間取ることができれば理想ですが、取れない場合は、何回かに分割して実行するやり方もあります。

③ミーティング進行における**ファシリテーター**を決めます。ファシリテーターとは、ミーティングがスムーズに、かつ効果的に進むように、フラットな目線で進行する役目です。一般的なミーティングでは、上司がそのポジションパワーで、恣意的にミーティングを進めてしまうケースも散見されますが、これでは参加者が共鳴するビジョンは創出できません。

リーダーであるあなたがフラットな目線で進行できるなら、あなたがファシリテーションを引き受けるのもいいでしょう。しかし、もし、自信がないのであれば、部署の中で、ファシリテーションが得意な人にお願いしてもいいでしょう。部署内でできる人がいない場合は、社内でできる人を探して依頼するか、外部のプロに任せるという選択肢もあります。

【2】ミーティングの実行

④現状把握のデータや定性的ファクトを**参加者にシェア**します。

その上で、参加者からの視点や意見を募り、現状把握の精度を上げていきます。

ここは重要ですが、あまり時間をかけ過ぎると、この後創出するビジョンが現実的過ぎたり、予定調和なものになってしまうリスクがあるので、**30分程度**に留めることをオススメします。

【3】ビジョンのイメージング

⑤「本当に起こしたい未来」を、参加メンバー一人ひとりにイメージしてもらいます。

重要なのは、現実的になり過ぎず、組織的な制約、資金面の制約、人員的な制約などを一度取り払って、「本当に起こしたい未来」をイメージしてもらうことです。

参加メンバーの中に、創業タイプの人がいたら、制約を外したビジョンを描くことが得意だと思いますので、自由な発想でぶっ飛んだ未来図を皆さんの前で語っていただき、全体に刺激を与えるのもよいでしょう。

一方、守成タイプのメンバーは、なかなか発言しない傾向があるので、一度ビジョンを紙に書いてもらってから、順番に全体にシェアしていただくとスムーズにいきます。絵が得意なメンバーがいたら、絵に書いてもらうと、ミーティングがさらに活性化しますのでこちらもオススメです。

【4】まとめと文章化

⑥**参加者全員のビジョン案を統合し、文章化**します。

会社全体のビジョンは、前述のユーグレナの事例のように「産業と自然がともに生きる、新しい循環型社会の実現」といった抽象度の高い表現になっていることがほとんどですが、部署単位のビジョンには、もっと部署特有の具体性が必要です。

例えば、

「1年後までに○○率80％以上を達成することによって、循環型社会実現の第一歩が確実に進んでいることを顧客が実感している状態になっている」

というように、**具体的な数字**が入っていると、**「そのために何をしたらよいか？」**が、より明確になります。また、後半にある「循環型社会実現の第一歩が確実に進んでいることを顧客が実感している」という表現によって、顧客が喜んだり満足している**映像がイメージ（ビジュアライズ）できること**で、このビジョンがイキイキとメンバーの心に伝わります。**メンバーが腹落ちしてはじめて、ビジョンは機能するのです。**

メンバーとビジョンを創出する2ステップ

《ステップ1》 現状把握

1 定量的な把握

売上／利益率、市場トレンド、顧客情報、競合情報、採用しているシステムの効率性など、数字として把握できることを見える化して把握

2 定性的な把握

チームメンバー、顧客、ベンダー、関連する他部署のキーマンなどへのインタビューを通し、取り巻く現状を多角的に把握

3 自分自身についての把握

ビジネス環境の把握と並行して、活動の主体である自分自身のことを把握する（自己理解）

↓

《ステップ2》 ビジョン創出

1 ミーティング準備

❶参加者の選定
❷事前アナウンス
❸ファシリテーターの決定

2 ミーティングの実行

❹参加者との情報共有

3 ビジョンのイメージング

❺参加者全員の「本当に起こしたい未来」のシェア

4 まとめと文章化

❻各ビジョンの統合と文章化（数字とイメージ）

ビジョン創出にメンバーを巻き込めば、共有・共鳴も早い

以上のように、ステップ1、ステップ2という手順を踏むと、ミーティング参加メンバーとは、創出したビジョンについての共有がすでにできています。共有を超えて、共鳴に至る可能性も非常に高いでしょう。

リーダーが一人でビジョンを決めて、メンバーに共有させるとなると、ビジョンへの共鳴を得ることに高いハードルが伴いますが、このようにメンバーの助けを借りながらビジョンを創出すれば、共有から共鳴まで一気に進みます。

昨今、ファシリテーションについてのニーズが高く、私の会社でもクライアントの役員チームでの組織ビジョン創出、部署単位のビジョン創出などで、ファシリテーションのお手伝いを頻繁にしています。ユニークなところでは、レゴを使った「レゴ®シリアスプレイ」という創造的手法（レゴ社とマサチューセッツ工科大学が共同開発）による、ビジョン創出やチームビルディングも提供しています。このほかにも、社内ファシリテーターやコーチの養成ニーズも高く、組織開発的な取り組みとしての注目が集まっていることを感じます。

全体ビジョンを部署単位に翻訳する場合もディスカッションで

部署単位、チーム単位のビジョンを作るのではなく、組織全体のビジョンをチームメンバーの理解促進のために翻訳するケースでも、このようにディスカッションの場を設けるほうが、一見手間がかかるように見えて、その後の運用は楽で簡単です。

例えば組織のビジョンを見せて**「これをどう解釈する？」**という質問から、チームメンバーにどんどん意見を出してもらいます。その後、リーダーとしての解釈・見解を伝えると、チームメンバーの組織ビジョンについての理解は格段に高まります。

ミーティングの最後に、ビジョン達成のための個々の行動プランを決め、その後はそれぞれの行動プランの進捗を1on1などで確認し、サポートするとよいでしょう。

さて、2ステップでビジョンが明確化しました。続いては、現状とのギャップを埋めるための、戦略・戦術を実行するステップへと進んでいきます。

Check Point

- ビジョンとは「指針」であり、心がポジティブに動き、達成したときの画像や映像が明確に見えるべきもの
- 「心が動くビジョン」を作るためには、「できない理由」は一旦脇に措いてみる
- 抽象的な全体ビジョンを部署向けに変換・翻訳するのはリーダーの役目
- チーム独自のビジョンが、メンバーのベクトルを揃えることに寄与する
- ビジネスとは、「ビジョン」と「現状」のギャップを埋める活動
- 守成タイプは現状把握が得意、創業タイプはビジョンのイメージングが得意
- ビジョン創出の過程にメンバーを巻き込めば、共有・共鳴も早い

第4章

「戦略」を遂行する

「パーソナルパワー」で
相手の心を動かす

ビジョンと現状の「ギャップ」を埋める

ビジョンが定まると、現状とのギャップが明確化します。そのギャップを埋める活動をチームとしてどう行うか、どうリードするかが課題になります。

現時点（現状）からビジョンに描いた未来へ到達するには、いくつかのルートがあります。どのルートを選ぶかを決めるのもリーダーの仕事で、優れたリーダーはこれらの流れを戦略的かつ戦術的に考えます。

戦略と戦術について整理しましょう。

戦略という言葉は、もともと軍事用語でした。ビジネスにおいて、顧客のことを「ターゲット」と言い、広告活動を一斉に展開することを「キャンペーン」と言ったりしますが、これらももともとは軍事用語。ちなみに、キャンペーンとは「絨毯《じゅうたん》爆撃」などの軍事作戦という意味を持ちます。

最強の戦略は「戦わずして勝つ」ポジショニング

ここで、現状から望む未来へ到達することを、軍事において、今いるところから目的地に達することに置き換えて考えてみましょう。

戦いにおいて、然るべき目的地に到達する意味は、**戦いをより有利に進めることができるポジションを取りたいから**です。敵を見下ろせる山の上がいいのか？ それとも、長期戦に最も必要な水を確保できる水源のそばがいいのか？ などです。

ビジネスでも「ポジショニング」は、決定的な要素で、いかに優位なポジションを取るかによって、状況は全く違ってきます。

さらには、できるだけ早く、できるだけ味方の兵や兵糧を失うことなく、優位なポジションに到達するために、あの山を登るのか、この川を越えるのか、その橋を渡るのかなど、進行ルートを決める必要があります。

ここで必要になるのが、**「戦略・戦術思考」**です。

戦略とは「できるだけ有利な状況で戦える状態にする」というのが本質です。もっと言えば、「できるだけ戦わずして勝つ」思考です。

『三国志』に登場する、蜀の国の宰相諸葛孔明は、軍神と呼ばれた最強の軍師で、戦いの前線に孔明が出てきたら、相手はすぐ負けを覚悟したと言われています。そんな孔明も「いかにして、相手との直接対決を避けながら、有利な状況で戦うか？」を常に考え、手を打っていたと言います。

ここで、「できるだけ戦況を有利に展開できるポジショニング」を考えるのが、戦略。そして、そのポジションに辿り着くための作戦が戦術です。

例えば、目的地に到達するために、

- 目の前の橋を通れば一番近道だけれども、そこは敵の精鋭部隊との正面衝突になる可能性がある
- 橋を使わずに川を渡れば、橋ルートの次に近いルートではあるが、その先に敵が待ち伏せ（アンブッシュ）しているかもしれないという情報が、偵察隊から入っている
- 山ルートは大変に険しく、道のりも長い。兵の移動が大変になるが、その代わり敵に遭遇する可能性も低くなる

といった状況で、どんな判断を下すか。この戦術的判断もリーダーの仕事なのです。

リーダーの仕事は「どのルートで行くか」を決めること

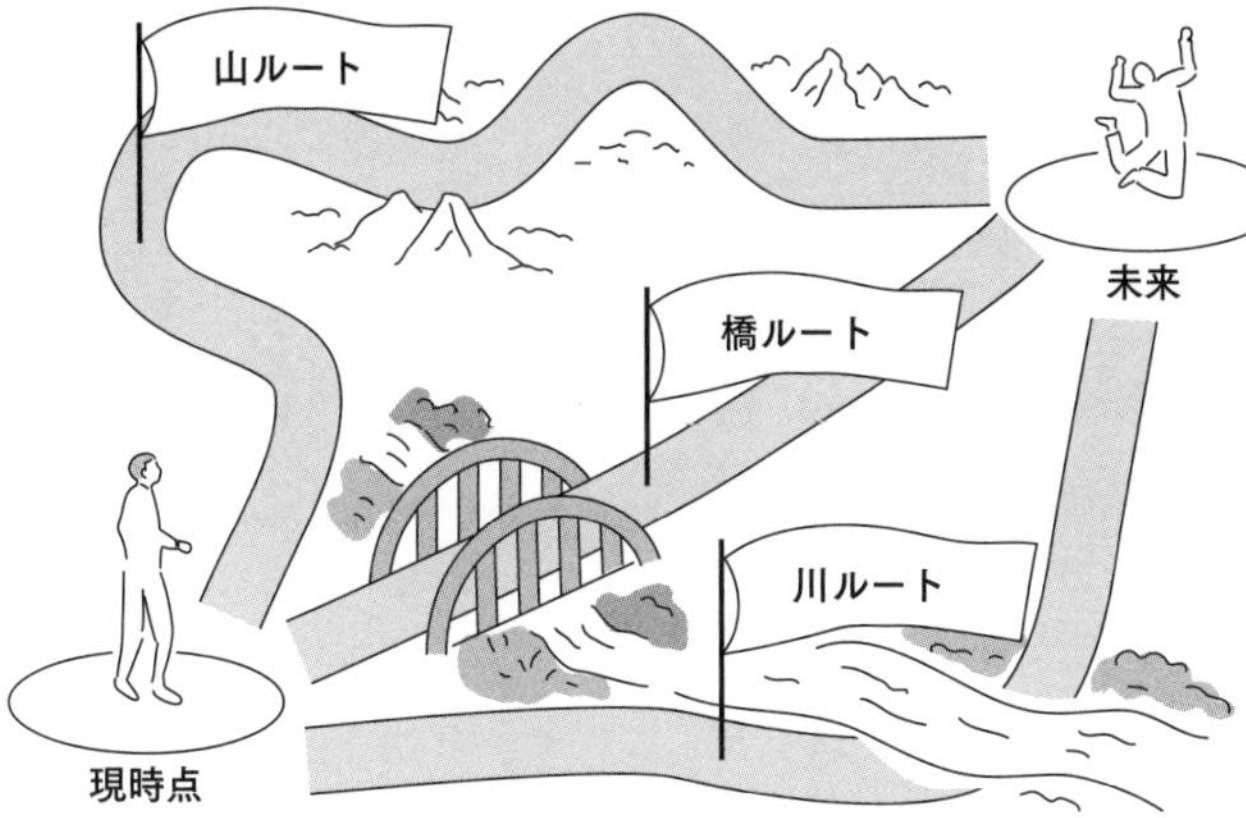

味方の兵力をできるだけ保ったまま、その目的地に達することができれば、最高の兵の状態と最高のポジションでの戦いとなり、勝利は見えてくるのです。

戦略的ポジショニングは、前章で解説した「ビジョンの創出」とも重なります。「ビジョンを創出する」とは、とても戦略的な行為なのです。特に組織全体のビジョンには、戦略的ポジショニングの要素が入っているかどうかが肝心です。

逆に言えば、**ビジョンなしに、あるいは、ビジョンをちゃんとチーム内で共有することもなしに活動することは、闇雲《やみくも》に動くに等しい**ということでもあります。

「戦術遂行」もチームを巻き込んだほうがうまくいく

グイグイ引っ張る創業タイプのリーダーは、押さえるべきポジションや、通るべきルートについても、自分一人で考え、指示命令をしようとしがちです。

仮に、このリーダーが優れた戦略・戦術脳を持っているならまだいいのですが、これまでの成功体験だけをもとに、局所的に判断するようなリーダーだと、チームをあらぬ方向に導くことにもなりかねません。

一方、守成タイプの人は、こうした局面に立つと、非常に慎重に判断するので、ここでも「チームと一緒に考える」というプロセスをしっかりと踏もうとします。

「どうしたらビジョンを達成できるか」の作戦（**戦術**）に際しても、ビジョン創出のケースと同じようなステップを踏んで、チームと一緒に考えていくことで、**その遂行**もスムーズに進んでいくことでしょう。

戦術を遂行する上で重要なのが、**「どのようなチームを作るか」**です。

リーダーとしてチームにどう働きかけ、メンバーとどんな関係性を作るか、そして、どんなチームワークを作っていくかという点は、戦術遂行の成否にも大きく影響するため、リーダーの手腕が問われるところです。

そこで、ここからは**「チームとの協働」「チームワーク」**についてお話しすることにしましょう。

ポジションパワーに頼り過ぎると、チームは崩壊する

チームで戦術を遂行する上で重要なことに、「リーダーがどのようにパワーを行使するか？」という点があります。

リーダーには、部長や課長など、一定の地位（ポジション）が組織から与えられますが、このポジションには、権限と責任が伴います。

組織内のポジションにもとづく権限をポジションパワーと呼び、これには予算の決定権や、部下の評価権限、場合によっては、部下の昇格や降格の権限が含まれます。

これらのパワーがあるため、ポジションが上がれば部下に対するリーダーの影響力は自《おの》ずと増し、部下の意向を考慮することなく、部下を動かすことすらも可能になってしまうのです。

ここで、怒鳴り散らしたり、脅しをかけたり、ポジションパワーを利用した圧力をかけることで部下を支配しようとするのは、質の低いリーダーのやり方です。

しかし、こんな安易で横着な方法であっても、人は動きます。

そのため、ポジションパワーの使い方を誤り、自らを偉いと勘違いしたリーダーは、易《やす》きに流れ、間違ったマネジメントをしてしまうことがあるのです。

かつて、ある部下から「マネージャーに昇進させてください」と直訴されたことがありました。現場での仕事ぶりは、非常に優秀な部下です。

昇進したいという理由を聞くと、「マネージャーに昇進したら、周りがもっと自分の言うことを聞いてくれるから」とのこと。彼は自らの優秀さに自信を持ち、周りが自分の言いなりにならないことに不満を感じていたので、マネージャーになれば、そのポジションパワーで周囲を思い通りに動かせるはず、と考えたようでした。

当然、彼の昇進は見送りました。もし、マネージャーに引き上げたなら、彼はそのポジションパワーを頼ってマネジメントを始めるであろうことは、火を見るより明らかでした。

なまじ仕事ができるので、仕事ができない部下をこき下ろしたり、心を挫《くじ》いたり、モチベーションを下げたりして、結果、チーム全体の業績が下がるであろうことが、容易に想像できたのです。

質の高いリーダーは、パーソナルパワーで部下の心を動かす

一方、リーダーには、**ポジションに関係なく、個人として持っているパワー**があります。業務知識や経験、洞察力や先見性、有力な人間とのネットワーク、人を惹きつける人間性、部下を慮《おもんぱか》る気持ち、高いコミュニケーション力……など、これらは個人の努力や研鑽によって得たパワーであり、**「パーソナルパワー」**と呼びます。

質の高いリーダーは、**ポジションパワーを行使せずとも、このパーソナルパワーの魅力だけで部下が自ら動きたくなるような存在**です。ポジションパワーという組織の力学で部下が動くのではなく、リーダー自身の**パーソナルパワーに対する信頼やリスペクトで部下の心が動くから、自然と行動がついてくる**のです。

これが、リーダーシップの本来あるべき姿です。人々が仰《あお》ぎ見る対象とするのは、人間性であって、肩書ではないのです。

ポジションパワーが通用しにくい日本

ちなみに、ポジションによる権力は絶大というイメージを持っている人がいるかもしれませんが、実は日本の組織では、それほどポジションパワーの影響力は大きくないという研究結果があります。

ポジションパワーは、権力格差指標（Power Distance Index）という度数で表され、オランダの社会心理学者ヘールト・ホフステードの研究によると、アラブ諸国や社会主義の国々ではこのパワーが絶大で、社会構造上の上下関係がそのまま人の行動に影響を与えるのに対して、デンマークやスウェーデン、フィンランドなどの北欧諸国（教育先進国でもある）では、ポジションパワーはほとんど機能しません。この指標で言うと、日本はアジアの中でもその度数が決して高いわけではなく、中国や韓国、シンガポールなどよりも低いという数値が出ています。

つまり日本では、いくらポジションパワーを振りかざしても、あからさまな抵抗を受けたり、面従腹背で、リーダーが孤立する結果になったりする可能性が高いということです。

昨今では、日本企業の人事部もそのあたりの傾向はしっかり考慮に入れていて、ポジションパワーばかりを行使するような人はリーダーのポジションに就けない、という賢明な判断をしているケースが多いように感じます。

すなわち、部下を統率する上では、ポジションパワーに頼るのではなく、パーソナルパワーを発揮して**「人の心を動かす」リーダーになる**ことが重要なのです。

こうした研究からも、日々の研鑽と成長という、ビジネスパーソンとしてごく当たり前のことが、リーダーシップを発揮する上でも重視されることがわかります。

リーダーシップは、**人と人の関係性の上に成り立ちます**。この関係性は、ひとつめが**リーダーとフォロワー（部下）の関係性**、そして2つめが**フォロワー同士の関係性**で、これがともに良好であれば、リーダーシップは機能しやすくなります。

反対に、リーダーがいかに優れた戦略脳を持っていても、フォロワーとの関係性がよくなければ、リーダーシップは機能せず、戦略や戦術を効果的に遂行できるチームにはなりません。

「機能するチーム」の緊張感と親密度

ところで、「チーム」と「グループ」の違いはなんだと思いますか？

例えば「スポーツチーム」という言い方はしますが、「スポーツグループ」とはあまり言いません。「精鋭チーム」とは言いますが、「精鋭グループ」とは言いませんね。

どちらも、複数の人間の集まりを指す言葉ではありますが、はっきりとした違いがあります。

その集団は、メンバーとビジョンを共有できているか

「チーム」と「グループ」の違いをひと言で言えば、**ビジョンや目的をしっかりとメンバー間で共有しているかどうか**です。それらを共有している集団は、チームです。

言い換えれば、**ただ集まっているだけで、ビジョンや目的を共有していない集団は、**

チームとは呼べません。

スポーツの場合は、「大会で優勝する」とか「甲子園に行く」とかという、みんなが共鳴できる目的を共有している場合が多いので、チームという呼び方をします。精鋭チームも、ミッションを果たすために集められ、そのために結束を固めている集団です。ですから、そもそも**リーダーがビジョンや目的をメンバーとちゃんと共有していなかったら、チームとは呼び難い集団に留まってしまう**ということです。

次ページの図は「関係性」を縦軸に「ビジョンの共有度」を横軸に取り、それぞれの高低によってチームがどのような状態になるかを表したものです。

この図によれば、ビジョンや目的の共有度が低く、関係性のよくない集団は、およそ機能する可能性がない**「崩壊グループ」**となります。

ビジョンを共有してもメンバーの仲が悪いと「ギスギス」

一方、ビジョンや目的は共有しているけれど、チームメンバー同士の関係性がよくない集団は**「ギスギスチーム」**です。これは、メンバー一人ひとりは優秀で、プロ意識はあるけれども、チームとしての結束や一体感がなく、シナジーが十分に発揮され

目指したいのは「機能するチーム」

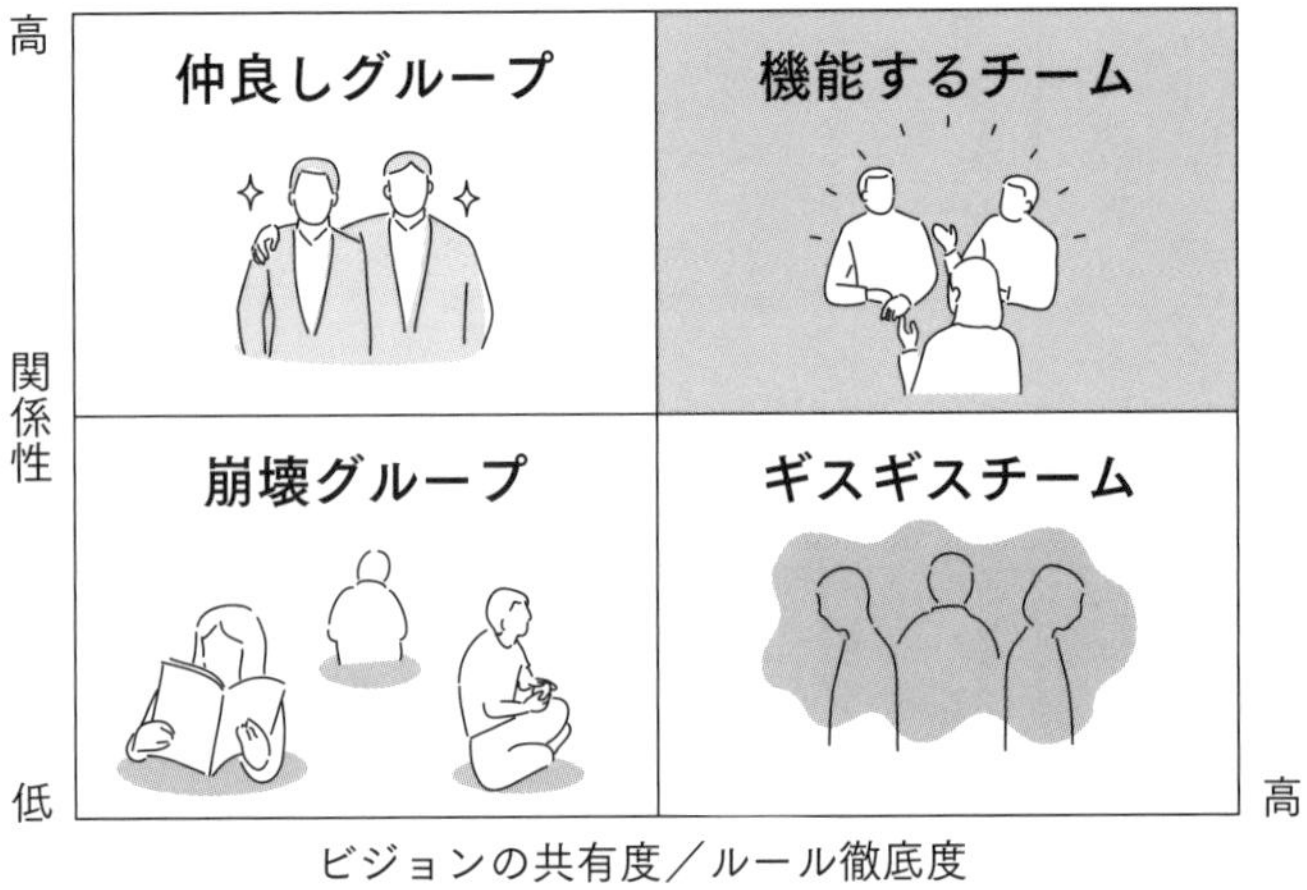

ていないチームです。

ギスギスチームの特徴は、チーム内の関係性がよくないので、離脱するメンバーも多く、仮に短期的に高い業績を上げることができても、中長期にわたっては、不安定になりやすいチームであるということです。メンバーによっては所属しているチームに「ホーム感」ではなく、「アウェー感」を持っている人もいます。

私も、外資系企業数社で働いていたときに、このような雰囲気のチームを経験したことがあります。個々の能力や意識は高いのですが、チームとして十分に機能していたとは言い難いチームでした。

そのリーダーは、チームとしてのシナジーを発揮させるのではなく、メンバー同士を過度に競わせて、チーム内に意図的に不和を招くような人でした。そのため私も、チームに「ホーム感」を抱くことができず、所属したのはごく短い期間でした。

メンバーの仲は良くてもビジョンの共有がないと、単なる「仲良し」

続いて、関係性は悪くないのだけど、ビジョンや目的を共有せず、漫然と仕事をこなしている**「仲良しグループ」**。仲良しグループの特徴は、ビジョンや目的の共有がなく、達成に対しての一体感がないので、ただ単に緩《ゆる》い雰囲気であるということ。

ときどき、この緩い状態が、「心理的安全性がある状態」だと勘違いをする人がいます。しかし、**ビジョンや目的の共有がなく、それに対する各メンバーのコミットや高い意識がない状態は「心理的安全性のある組織」の定義からは外れ**ます。

メンバーにとっては「ホーム感」もあり、居心地はいいのだけど、ややもすると、お互いに仲良くすることが目的になっていて、質の高い仕事をするために必要な緊張感はありません。そのために、自ずと好業績を達成したり、その達成感を共有したりするような「チーム感」を生み出すことができないのです。そして時には、頑張っている人の足を引っ張ろうとするような人も出てきます。そういう人にとっては、緩い雰囲気のままでいたほうがラクなので、頑張っている人がいると困るのです。

仲良しグループの最大のネックは、リーダーがメンバーに好かれようとする傾向がある、ということです。リーダーのこういったマインドが、機能するはずのチームを仲良しグループへと変えてしまうのです。

米海軍には、上官への戒《いまし》めとして「兵士に好かれようとしてはならない。そんな努力はしてもならない」という言葉が伝えられます。つまり、部隊が仲良しグループとなることを、組織が許さないのです。

リーダーシップとは、フレンドシップとは決定的に異なるもの。友達になってしまうと、必要なときに「相手に厳しくできない」という不都合が生じます。いわゆる「馴《な》れ合いの関係」では、部下の問題に厳正に対処しにくくなるため、適切なリーダーシップの発揮を妨げてしまうのです。

チームとしてあるべき関係性は、**友達関係ではなく、同じビジョン・目的を目指す〝同志としての関係性〟**です。そういう意味での良好な人間関係を築くことが、リーダーには求められます。

「チームの関係性を深める」と言うと、すぐ「一緒に飲みに行けばいい」と言う人がいます。居酒屋でフランクなコミュニケーションを取ることも大切かもしれませんが、本当の意味での関係性とは、ビジョンや目的の達成に向けて、侃々諤々《かんかんがくがく》と議論を重ねお互いに知恵を絞り合い、チームとして真剣に活動することで生みだされるものです。ただ単にお酒を酌み交わしたからといって、すぐに深まるものではありません。

ビジョンの共有がありメンバーの仲も良いと、チームは「機能する」

ビジョンや目的の共有・コミットがあり、関係性も良いチームが**「機能するチーム」**です。このチームは心理的安全性があり、たとえ新入社員や、まだ職歴が浅い人であっても、ビジョンや目的に関して真剣に考えた意見やアイデアなどを上司に伝えたり、会議で発言したりするようなことに、気兼ねや不安を覚えない雰囲気が整っています。

このため、メンバーの多様性が発揮され、ダイバーシティにもつながり、**チームとしての深い「集合知」**が得られるチームです。目的達成への厳しさを伴う雰囲気もあり、**一人ひとりが組織やチームに対しての「貢献感」を持って、イキイキと働くことができる**チームです。

Column 2

稲盛和夫がつくり上げた京セラ流「コンパ」文化

京セラの創業者で、日本を代表する実業家でもある、故・稲盛和夫さんが推奨していた会社公認の活動に「コンパ」と呼ばれる飲み会があります。

コンパは、京セラ本社の12階にある100畳敷きの和室などで、社員同士が一緒に鍋をつつき、お酒を酌み交わしながら意見をぶつけ合う場です。

全員参加が絶対条件で、コンパでは、事前にテーマを決め、決められた時間で議論し、最後に全員が総括を行います。コンパでは、社内のポジションに関係なく、仕事においての意見やアイデアを侃々諤々とぶつけ合うことが歓迎されます。つまり、心理的安全性の高い場をつくるための装置として「お酒」が使われているのであって、いたって真面目な活動なのです。

「ただ面白おかしく、酒をくらって己《おのれ》を忘れてしまうような、酒に呑まれる酒は『下の下』です」という稲盛さんの言葉にもあるように、コンパはただの飲み会ではありません。

経営者と従業員、上司と部下、同僚同士が互いに胸襟《きょうきん》を開き、仕事や生き方に対する本音をぶつけ合い、仕事に対する情熱を高めることが、コンパの目的です。普段はバラバラの活動をしている社内の各組織が、同じ目標に向かっていることを確認し合い、みんなの気持ちをひとつにまとめられるのがコンパなのです。

稲盛さんがかつて、ＪＡＬの再生という途方もなく困難な仕事にあたっていたときも、この「京セラ流コンパ」で、バラバラになってしまった人と人の心をつなぎ、再生の原動力にしたと言います。

そういった意味では、先述の図の中にある「ギスギスチーム」や「仲良しグループ」が、「機能するチーム」となるための施策として有効なのは、ただの飲み会ではない、この京セラ流コンパ形式の飲み会なのかもしれません。

平凡なリーダーの「機能するチーム」作り

「リーダーたる者、部下に舐《な》められてはいけない」という思いは誰にでもあると思います。舐められていては、適切なリーダーシップが発揮できないことも確かです。

しかし、そのために虚勢を張ったり、ポジションパワーを使って厳しく統制しようとしたりすることは、決して効果的ではありません。

結果的に、部下からの反発を招き、前述のチーム区分で言えば「ギスギスチーム」か「崩壊グループ」のいずれかを作りだすことになります。

もちろん、あなたに圧倒的な実績や業務知識、実務スキルなどがあるならば、部下があなたのことを舐めることはないでしょう。しかし、ここで覚えておいていただきたいのは、**たとえそれらがなかったとしても、舐められずに、部下の信頼を得る方法があるという**ことです。

平凡なリーダーが部下から信頼を得る3原則

1 **ビジョンや目的**を明確にする

2 ビジョンや目的達成のために、リーダー自身が**ベストを尽くす**

3 人間性を鍛え、**誠実に接する**

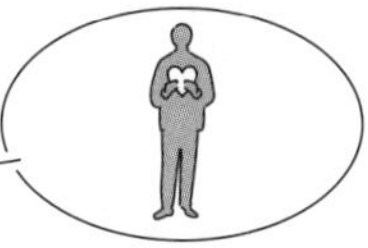

平凡なリーダーが部下から信頼を得る3原則

そのためには、まずはこれまで述べてきたようなかたちで、**ビジョンや目的を明確にする**こと。これをちゃんとやらないと、物事がよく見えている部下からは「リーダーとしての一番大事な仕事をやっていない」と思われてしまいます。ビジョンや目的を明確にし、メンバーと共有することで、チームに**適度な緊張感**が生まれるのです。

2つめは、**ビジョンや目的達成のために、リーダー自身がベストを尽くしている**こと。

ベストを尽くすとは、やたらハードワーク

をすることではありません。どんな場面でも誠心誠意取り組むことであり、またその習慣をつけることです。また、仕事をしている時間の長さの問題でもありません。

そして、**ビジョンや目的達成のための活動方針やルールを、リーダー自身が守り、背中で見せながら、一貫した行動を取っている**こと。このような姿勢や一貫性がリスペクトされるのです。

3つめは**高い人間性を備えるための努力をし、常に誠実に人と接すること**です。

人は、人間性の高い人を決して舐めたりはしません。第1章でも述べたように、人は、**誠実で包容力に満ち、いつもプラス思考で共感力に優れ、部下のことに誠心誠意取り組んでくれるようなリーダー**のことを、リスペクトすることはあっても舐めることなどありません。

これらは、業務知識や業務経験があることよりも、上司に期待されることであり、リスペクトの対象となります。反対に、舐められまいと虚勢を張っているようなリーダーには、人間性の欠如を感じ、リスペクトからむしろ遠ざかるでしょう。

人間性の高さを感じる上司（あるいは高めようと努力していることが伝わってくる上司）

に対しては、たとえ業務知識や業務経験が足りない部分があっても、部下は、むしろその足りない部分をフォローしようと動くものです。

リーダーとしての成長を志すことは、人間としての成長につながり、そういった意味でも人生において、真剣に取り組む価値のあることだと思います。

「仲良しグループ」を「機能するチーム」に変えるには

もし、あなたのチームの今の状態が「仲良しグループ」で、「機能するチーム」になりたいと願うなら、すぐにもこの3原則を実行に移すことをオススメします。

仲良しグループは、リーダーが舐められやすい環境です。メンバーが自由闊達に仕事をするのと、好き勝手に仕事をするのとは、全く違います。自由闊達な活動には責任が伴いますが、好き勝手な活動には、責任意識はありません。これを看過しているようでは、舐められる原因となります。

このような緩いチームから「機能するチーム」に進化するには、**目標共有の徹底と、リーダーであるあなたが、その目標達成へのあくなき姿勢を見せること**が肝心です。

フォロワーの皆さんは、そんなあなたに影響されることで、機能するチームへと移行し始めるのです。

理想としたいのは、**関係性が良く、ビジョン・目的の共有や、コミットメント（結果に対する約束）があるチーム**です。こういったチームには、**人と人との温かいつながりがあると同時に、ビジョン・目的の達成に真剣に取り組む厳しさと、ピリッとした緊張感**があります。私はこの状態をHard & Warm《ハードアンドウオーム》な状態と呼んでいます。

意見が違っても、同じ目標に向かう同志として認め合える関係性

これは、**心理的安全性のある状態**でもあります。心理的安全性のある状態では、先に述べたように、たとえ新入社員であっても、ビジョン・目的の達成のために真剣に考えたアイデアや意見を述べることを躊躇《ちゅうちょ》するような雰囲気はありません。

一方、皆Hardに取り組んでいるので、ふざけた意見や甘い見解には、ストレートな厳しいフィードバックが返ってきます。一人ひとりがド真剣に考えているので、議論が侃々諤々となり、激しくぶつかったり、時には気まずい雰囲気になることすらあります。

しかし根底で、**同じ目標に向かう同志としての温かなつながりがあり、お互いに真**

剣に取り組んでいることがわかっているので、人間関係が拗《こじ》れることはありません。

極端な言い方をすると、意見が正面から激しくぶつかっても、数分後には笑いながら肩を組んでいるような関係性なのです。

このようなチームを作るためには、まず**メンバー一人ひとりの主体性を高める働きかけ**をしていくことが肝心です。相手の話をしっかりと傾聴し、信頼関係を構築すると同時に、適切な質問を繰り返すことで、相手に「考えるクセ」をつけてもらいます。

ろくに話を聴かず、指示ばかり出していたら、「考えないクセ」がついてしまい、メンバーたちから意見やアイデアがなかなか出てこないチームになってしまいます。


創業タイプの人は、自分が前に出ることが多く、意見が強いので、ワンマンになりやすい傾向がある点に注意が必要です。また、自分から指示を出して手っ取り早く展開しようとしがちですが、メンバーからどんどんアイデアや意見を引きだしたいなら、最初はかなりの忍耐が必要になります。

この点、**守成タイプの人は、相手の話や意見をちゃんと聴く人が多く、ワンマンになりにくい**ので、心理的安全性の高いチームを作ることに向いていると言えます。

戦略の実行性を高める「会議・ミーティング」

チームで戦術を考え、実行する上において、大切な機能のひとつが会議です。

ここで、振り返ってみてください。

あなたの部署の普段の会議やミーティングは、どんな内容でしょうか？

メンバーが順番に現状を報告していくだけで終わるミーティングや、上長（あなた）が9割がた話しているような会議になっていませんか？

部署における戦術を立案、実行するにも、会議・ミーティングは欠かせません。言うなれば、**会議・ミーティングの質が、あなたのチームの仕事の質を決める**わけです。

本来、会議やミーティングで行われるべきことは、**議論すること**です。

もっと言えば、熟議《じゅくぎ》が行われることが、本来の機能です。文科省の定義によると、熟議とは「正しく潤沢な情報のもと、色々な関係者が本音をぶつけ合い、課題を認識。そして、課題解決に向けて徹底的に議論をすることにより、社会的合意を編集・創造する」となっています。

あなたの部署の会議・ミーティングでは、どの程度これができているでしょうか？

どうしたら、関係者が本音をぶつけ合える会議ができるか

熟議が行われると、これまで述べてきたビジョンの創出や、戦略の立案・戦術の実行の精度も格段に上がります。

熟議の最大のキーポイントは**「様々な関係者が本音をぶつけ合う」**という点です。建前《たてまえ》や忖度《そんたく》に終始するミーティングは、効果的と呼ぶには程遠いものです。そこまでいかなくても、部下が「発言したいのに、発言できる雰囲気にない」と感じている会議や、「何か言うと批判されたり、否定されたりするから黙っていよう」と、早く終わることをただ願っているようなミーティングは、本来の会議やミーティングの姿とは程遠いものです。

経営者目線で見ると、仮にそんな会議・ミーティングが社内で行われていたら、参

加者の時給を換算したサラリーや、会議室などへの設備投資が、まともなリターンとなって返ってこないことを覚悟しなければいけないでしょう。

「様々な関係者が本音をぶつけ合う」ための前提条件となるのが**「心理的安全性」**です。心理的安全性とは**「組織や部署の目的達成に向けての考えや意見やアイデアを気兼ねなく発言できる雰囲気」**のことで、たとえミーティングに参加している中で最も業務知識や業務経験が浅い人間であろうと、なんら躊躇なく発言や提案ができる雰囲気がその場にある、ということを意味します。

心理的安全性がある職場では、ミーティングで進もうとしている方向性に違和感がある場合にも、参加者が率直にその懸念を口にすることができます。

「大切な事実が隠れていないか」

「各自の本音を引きだすことはできているか」

これらのことをリーダーがしっかりと考え、共通の目的達成のために、忌憚《きたん》のない意見がちゃんと出てくる状況を作りだせたら、そこには確かに、心理的安全性のある場は存在していると言えるのです。

守成タイプは「心理的安全性の高い職場作り」に向いている

ここでも守成タイプの人は、その特性を発揮するチャンスです。

創業タイプのリーダーは、アイデアが豊富で、意見が強いゆえ、ミーティングでは、一人で話し続ける傾向があります。

また、**自分のアイデアや意見で進めたいという意向が強いので、フォロワーたちのアイデアや意見をちゃんと聴かずに、場合によっては強引に自分のアイデアや意見を押し通そうとする**こともあります（私自身がそうでした）。

これでは、心理的安全性のある場を作ることなどできません。

一方、守成タイプのリーダーは、**他者のアイデアや意見をちゃんと聴いてからでなければ、判断しないような慎重さがあり、ミーティングをフラットに、ファシリテーター的に進めていくことができる資質**があります。

守成タイプは、ミーティングにおいては、自分よりフォロワーたちのほうがたくさん発言する心理的安全性の高い場を作ることができるのです。

ただし、守成タイプのリーダーにも注意すべき点はあります。

それは、**①会議・ミーティングの目的の共有を徹底させること、そして、②会議・ミーティングのルールを徹底させること**です。この2つの徹底がなければ、フォロワーたちが好き勝手に意見を言うカオスを招きかねません。それは、心理的安全性のある状態とは全く異なるものです。

守成タイプの人は、創業タイプの人に比べ、カオス状態に弱いため、そもそもこのような状況を作らないことです。すなわち、**「なんのために熟議をしたいのか?」を明確にする**ことが大切です。

このあたりは、ミーティング前に参加者に知らせる「アジェンダ」に明記するとよいでしょう。

アジェンダでは、開催日時、場所などの情報に加えて、

- 会議・ミーティングの背景（必要に応じて、ビジョンとの関連性などにも触れる）
- 会議・ミーティングの目的
- 会議・ミーティングのゴール

- 参加者に事前に準備をしてきてほしいことなどを事前シェアします。

また、会議・ミーティングのルールとしては、

- 100%確信のあること、正しいこと、格好いいことを言おうとするのではなく、意見やアイデアを素直に出し、熟議を活性化することに貢献する
- 他者を否定・批判しない。他者のアイデアや意見に違和感がある場合は、否定・批判するのではなく、代案を提案する
- 会議・ミーティングの目的から逸《そ》れた発言は避ける（時間の有効利用のためにも）
- 楽しく真剣に取り組む（ふざけた態度や行為を看過しない）

などがあります。

そして、**このルールに抵触するような発言や行動がある場合は、即座に厳しく、その発言や行動を正すように指摘する**凛《りん》とした姿勢が大切です。

守成タイプは、この厳正に対処するということを、つい、ためらってしまいがちで

すが、ここを徹底しないと、本質的な熟議とはなりません。
鍛えどころですが、きちんと徹底できれば、適度な緊張感の中で闊達な意見が飛び交う熟議の場を作ることができるでしょう。そして、**守成タイプなりの巻き込み力と遂行力を発揮**することで、会議・ミーティングの質は上がっていきます。

ファシリテーターの技術を磨くと、リーダーシップも磨かれる

私は仕事上、クライアントのミーティングを拝見する機会もありますが、本当に心理的安全性がある場では、そのミーティングで誰が上位の役職者か、最後までわからないというような状態になります。

そういった場では、リーダーがフォロワーの中から、その日のファシリテーターを指名して、その人がミーティングの進行を務めます。

ミーティングでは、各自から自由闊達なアイデアや意見が出てきます。時おり喧々《けんけん》囂々《ごうごう》、侃々諤々《かんかんがくがく》とヒートアップすることもありますが、お互いが共通の目的に向かって動いているという前提での良好な関係性があるので、そんなぶつかり合いがさらに1段階レベルアップした解を生み出すことにしっかりと貢献する結果となります。

そして、最後のまとめに入る段階になって、総合的に意見をまとめたり、最終判断する人が出てきて、その人がそのミーティングの本当のリーダーであることが、ようやくわかるのです。

ちなみに、そういった組織では、リーダーや役職者も「さん付け」で呼ばれており、役職に対する意識が入らない仕組みが取り入れられているようです。

私の会社では、社内ファシリテーター養成のプログラムも提供していますが、トレーニングにより、たとえ役職に就いていない人でも、立派にファシリテーターを務めることができるようになります。また、ファシリテーターのトレーニングと、実際のミーティングの場での実践を繰り返す中で、その人のリーダーシップが飛躍的に向上するという事例も多々見てきました。そうなると、役職に就いてから、すぐにリーダーシップを発揮することができるようになるのです。

ファシリテーターとしてのトレーニングは、あなたのリーダーシップ向上のためにとても有効です。そのためにも、まずは本章のポイントをしっかりと意識し、今後の会議やミーティングに役立てていかれることを意識してみてください。

Check Point

- ✓ 最強の戦略は「戦わずして勝つ」ポジション取り

- ✓ 戦術遂行の成否を左右するのは「いかなるチーム状態を作っていくか」

- ✓ ポジションパワーに頼りすぎると、チームは崩壊する。質の高いリーダーは、ポジションパワーに頼らず、パーソナルパワーで部下の心を動かす

- ✓ ビジョンや目的をしっかりとメンバー間で共有している集まりは「チーム」となるが、それらを共有していない集団は、単なる「グループ」どまりとなる

- ✓ 理想は、ビジョンや目的を共有し、適度な緊張感を保ちながらもメンバー同士の関係性が良いチーム＝心理的安全性のあるチーム

- ✓ 守成タイプの特性は「心理的安全性の高い職場作り」に向いている。

- ✓ 会議・ミーティングの本来の目的は「熟議」(いろいろな関係者が本音をぶつけ合い、徹底的に議論すること)が行われること

- ✓ 会議・ミーティングの前にはメンバーに対して、①目的の共有を徹底させる、②ルールを徹底させる、の2つの周知が必須

第5章

「成長」を支援する

「可能性」を承認して
成長に導く

部下の「成長を支援する」という仕事

リーダーには様々な役割がありますが、**フォロワーの成長を促す、つまり人材育成も大切な役割のひとつ**です。

ネット調査などを見てみても、リーダーの立場にある人の課題意識の筆頭として、「人材育成」が挙げられていることがよくあります。それくらい、リーダーにとって「人を育てること」は重要であるとの認識があるのと同時に、「きちんと育てられていない」という危機感もあるのでしょう。

フォロワーが育てば、チームの業績は数十倍になる

人材育成とは、フォロワーの**成長を支援する**ことです。フォロワーが成長すれば、より質の高い仕事ができたり、主体性、自主自律性が向上したり、ビジネスパーソン

としてのレベルが高まったりします。そのことによって、チームの共通目的を達成するための貢献度も上がります。

そして、それが数人単位、数十人単位になると、チームの業績は自ずと上がり、リーダーは大きな恩恵をこうむることになります。当然、チーム運営も楽になるでしょう。リーダーが現場の仕事をしゃかりきになってやる数倍、数十倍の成果を、チームとして上げることができるようになるのです。

リーダーが人材育成に時間を割けない理由

しかし、多くの組織では、この人材育成がうまくいっていません。

その理由は、リーダーが**プレイングマネージャー**であることと関係があります。

世のリーダーの多くは、プレイヤーとして、現場仕事も受け持っています。現場の仕事は、「重要で緊急」なことで溢れています。一方、フォロワーの成長支援は、どちらかと言うと、「重要だけれども緊急でない（あるいは、たとえ緊急であっても、緊急であると認識していない）」ことです。このため、**緊急性の高い現場の仕事への意識が自ずと高くなり、人材育成になかなか時間を割くことができない**のです。

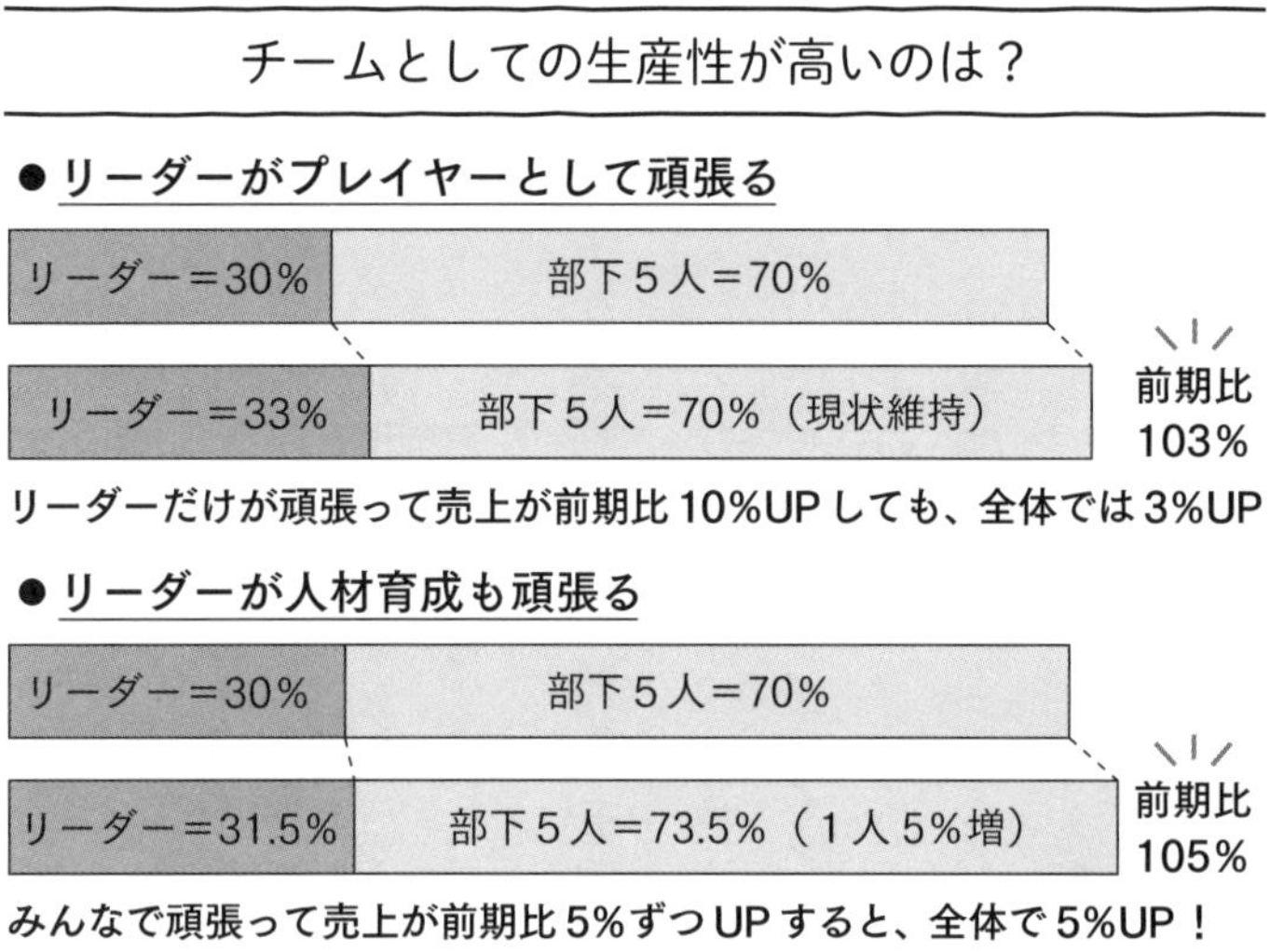

チームとしての生産性が高いのは？
●リーダーがプレイヤーとして頑張る
リーダー＝30％
部下５人＝70％
リーダー＝33％
部下５人＝70％（現状維持）
前期比
103％
リーダーだけが頑張って売上が前期比10％UPしても、全体では3％UP
●リーダーが人材育成も頑張る
リーダー＝30％
部下５人＝70％
リーダー＝31.5％
部下５人＝73.5％（１人5％増）
前期比
105％
みんなで頑張って売上が前期比5％ずつUPすると、全体で5％UP！

リーダー一人が頑張っても部署全体のインパクトは小さい

あなたが、5人の部下を持つ営業チームのリーダーだと仮定します。

上図のように、リーダーであるあなたのプレイヤーとしての売り上げは、チーム全体の30％を占め、5人の部下の総計は70％だとしましょう。

あなたがプレイヤーとして頑張って、売り上げを前期比10％向上させると、チーム全体では33％です。しかし、人材育成に時間が使えなかったので、部下の売り上げは前期と一緒だとすると、全体の売り上げは、33％＋70％＝103％です。

一方、人材育成に時間を割いた場合、あなたの売り上げは、前期比５％の伸びに留まる代わりに、部下の売り上げをそれぞれ５％伸ばすことができたとします。この場合、チーム全体では31・５％＋73・５％＝１０５％となり、**こちらのほうが全体の数字を前よりも伸ばしたことになります。**

しかも、部下が育っているので、次の期もさらなる売り上げ増が期待でき、**あなたが一人でプレイヤーとして頑張るよりも、はるかにラクに、チームとしての結果を残せるようになる**のです。さらに、あなたには、**「リーダーとして部下をしっかりと育成している」という高評価**まで加わります。

人材育成のためのステップ１：現状を把握する

しかし、これはいくら頭で理解していても、実行に移すのは簡単ではありません。実行するためには、**現状把握と目標値の設定**が大切です。そこで、まずは、あなたが仕事をしているすべての時間を10として、次の比率を考えてみてください。

あなたがプレイヤーとして、現場の仕事に費やしている時間比率と、リーダーとして、人材育成や成長支援に費やしている時間比率を、それぞれ○：○というかたちで、下記に書き入れてみましょう。

例えば、部下の相談に乗っている時間や1on1の時間、また部下の営業に同行している時間、技術指導をしている時間などは、成長支援の時間とします。

改めて数値化してみると、現場の仕事に費やしている時間が9以上で、「育成がほとんどできていない。これじゃリーダーじゃなくて、ただのプレイヤーだ……！」と、愕然《がくぜん》とする人もいるかもしれません。

そういう人は、現状把握ができたことを、まずは一歩前進だと思ってください。

人材育成のためのステップ2：目標値を設定する

次に、**この比率がどれくらいなら理想的か**をイメージしてみましょう。

あなたの現在の時間配分

現場の仕事に費やしている時間		人材育成、成長支援に費やしている時間
	：	

現場の仕事が忙しいとか、今、育成を考える余裕がない、といった制約はいったん脇に措《お》いて、「本当はどうなっていると最高？」という問いを自分自身に投げかけ、理想的な時間配分を記入してみてください。

人材育成のためのステップ３：ギャップを知る

さて、**現状と理想の差はどれくらい**でしょうか？

ギャップがあまりなかった人は、今後は成長支援の質を上げていくことに意識を向ければＯＫです。

しかし、ギャップが大きかった人は、その時間配分を理想に近づけていく必要があります。

今後のチームとしての成果向上は、ここにかかっています。

理想的な時間配分

現場の仕事に費やしている時間	**人材育成、成長支援に費やしている時間**
■	■

人材育成のためのステップ4：時間配分を変える

守成タイプの人は、抽象的なことよりも具体的なこと、大きな枠組みを構想するよりも、目の前の仕事をどうするかに、興味を持つ傾向があります。これは、いい悪いではなく、特性です。それゆえ、どうしてもプレイヤーとして、現場の仕事により多くの時間を費やしがちなのではないでしょうか？

一方で、守成タイプの人には、タイムマネジメントをうまくこなせる人が多いという側面もあります。したがって、今後はこうした長所を活かしながら、「急ぎではないが、重要なこと」に、時間を配分することを意識していきましょう。リーダーシップの発揮においては、この時間をより多くしていくことがキーになります。

コツは、一日のスケジュールにおいて、30分でも1時間でも、ここに充てる時間を業務の最優先事項として固定することです。例えば、毎日16時から17時は、部下との面談の時間として固定し、16時までに自分の業務を終えることができるよう、タイムマネジメントをするのです（やってみると、意外にできるものです）。

「成長支援」の質を上げる

ここからは、成長支援の質を上げていく方法をお伝えしていきたいと思います。

これまで述べてきた通り、リーダーシップの土台はフォロワーとの「信頼関係」です。これは、フォロワーの「成長支援」にとっても最重要項目であり、良好な信頼関係なくして、成長支援は成立しません。**「リーダーシップはフォロワーの成長支援のために発揮すべきもの」**と言っても過言ではないくらいです。

「承認」は「心のエネルギー」を上げるコミュニケーション

第2章で触れたように、**信頼関係の構築には、まず相手の話をちゃんと聴くこと、そして相手を尊重し、承認すること**です。この基本ができていない状態では、相手への成長支援はままならず、人材育成ができるリーダーにはなれないでしょう。

傾聴や承認のコミュニケーションは、フォロワーの成長支援に欠かせません。

人が成長する過程には、多くの試練が伴います。すべてがうまくいって、順調に成長することはごくまれで、思い通りに進まず苦悩することのほうが多いものです。

特に困難なことにチャレンジしているときは、失敗や挫折も多くなり、心のエネルギーが下がりがちになります。しかし、見方を変えれば、「うまくいかないこと」に挑戦し、壁を乗り越えるから、人は成長できるのです。

ですから、**チャレンジに失敗して心のエネルギーが下がってしまうことがあっても、相手の心のエネルギーを再び上げられる存在が必要**です。リーダーが、そういう存在となったら、フォロワーにとってこんなに嬉しいことはないのではないでしょうか？

成長したいのであれば、継続的に行動し、失敗や挫折をしても、再び立ち向かう姿勢が重要です。そのために必要なのが、心のエネルギーです。

承認は相手の心のエネルギーを上げるコミュニケーションで、人材育成、成長支援には欠かせないものです。

褒めることは、相手を承認することの一部

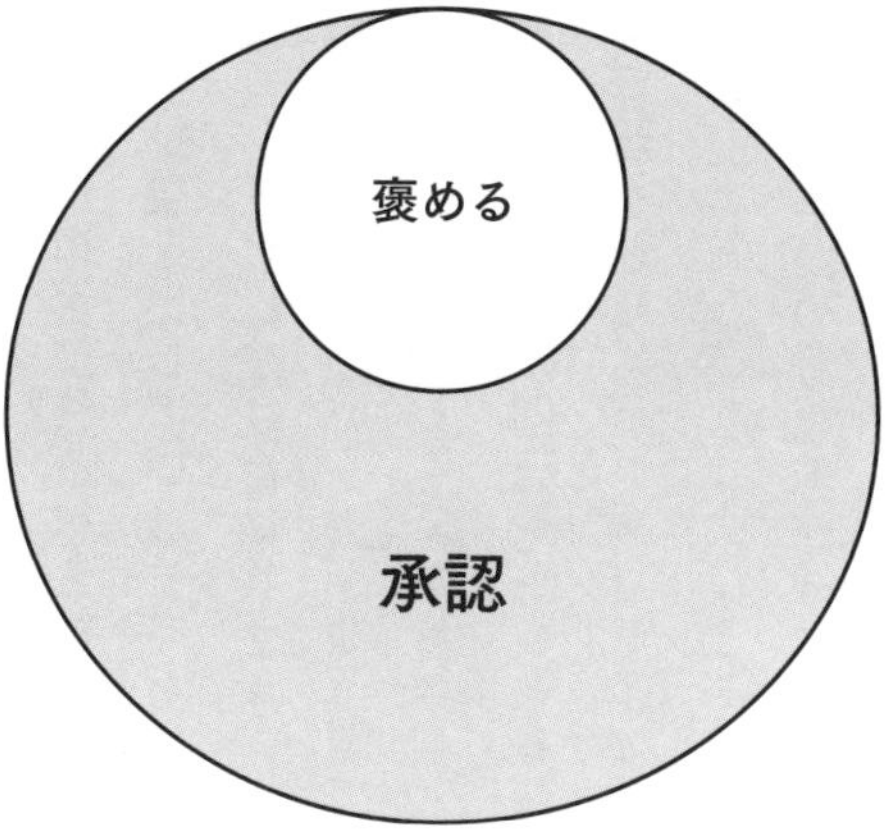

承認の3つのパターン…「結果」「行動」「可能性」

承認のコミュニケーションには、**「相手を尊重し、承認する気持ちを持つ」**ということが根底にあります。

この場合の承認とは、「褒める」だけではありません。褒めるのは、相手がよい結果を残したときなど、機会が限定されますが、承認は機会を問いません。だから、「褒める」は承認の一部なのです。

承認には3つのパターンがあります。

①結果承認：相手が結果を出した場合の承認

これは一番簡単な承認です。良い結果を出した人には素直に承認することができるでしょう。「素晴らしい」「よくやった」などの「褒める」行為につながります。

②行動承認：相手が然《しか》るべき行動をしている場合の承認

相手が結果を出していなくても、真剣に仕事に取り組みながら然るべき行動をしている場合、それは承認に値します。「頑張っているね」「結果はまだ出ていないけど、その動きいいね」というような承認です。

リーダーが、このようなコミュニケーションを取ると、フォロワーの心のエネルギーが上がり、行動の継続やさらなる行動につながり、成功確率が高くなります。このような経験を通して、フォロワーの成長は促されていきます。

行動承認は、「頑張っているね」「結果はまだ出ていないけど、その動きいいね」というような「褒める」という表現でなくてもできます。例えば、会話の中で、「そうなんだ。そういうふうに動いているんだ」とか「それを一日3回以上やっているんだね」というように、**部下の取り組みをリーダーが口にするだけでも承認になる**のです。

これは「そのように行動していることを私は認識しているよ。わかっているよ」というメッセージを送っていることであり、それによって相手は「行動を承認されている」と感じるのです。

③可能性承認：相手の状況に関わらず、可能性を承認する

「とはいえ、結果も出ていないし、ちゃんとした行動も取っていない部下はなかなか承認できないですよね」

リーダー研修をしていると、こんな声が参加者の方から出ることがあります。

確かに、こういった状態のフォロワーに対しては、否定的な気持ちになったり、「仕事ができない人」というレッテルを貼りたくなったりしがちです。

一方、はっきりしているのは、**リーダーがフォロワーに対して、否定的であったり、ネガティブなレッテルを貼りながら接していたりすると、相手の心のエネルギーが失われ、余計に結果を出しにくい状況をつくり出してしまう**ということです。

あなたが部下の立場にあると、想像してみてください。

あなたのことをなにかと否定してくる、または否定的に思っていると感じる上司、

あなたのことをダメな人間だとレッテルを貼っている上司と接していて、心のエネルギーが上がるでしょうか？　また、このような上司に信頼感を感じるでしょうか？

そして、そういった環境の中で、然るべき結果を出せる気がするでしょうか？


このように、**相手を否定的にとらえ、ネガティブなレッテルを貼りながら、そして、相手の心のエネルギーを下げながら、然るべき結果や行動を期待するのは、およそ賢い方法とは言えません。**それはリーダーがするべきことではないのです。

しかし、実際のところ、多くのリーダーが、無意識のうちにこのNG行為をやってしまっているのが現状です。


一方、優れたリーダーのもとでは、周囲の評価が低かった人が、いつの間にか成長を遂げ、結果を出し始めるということが起きます。

そこには、どんな秘密が隠されているのでしょうか？

その秘密のひとつが、前述の**「可能性承認」**です。

可能性承認とは、**相手の未来に持ち得る能力、つまり相手の可能性への承認**です。

これは、今はまだ結果を出しておらず、能力を発揮していない人も「できる可能性をちゃんと持っている」と信じきる**「リーダーとしての信念」**があるかどうかです。

簡単に言えば、**相手のことを「できない」「ダメ」と思いながら、できるようになるのを期待するのと、「できる」と思って期待するのとの違い**です。

優れたリーダーは「相手の未来」を見て承認する

再びあなたが部下の立場にあると、想像してください。

あなたの仕事がうまくいっていない、チャレンジに失敗しているという状況にあるとしましょう。

そんなとき、あなたを否定したり、ダメ出しするのではなく、「できる」と信じてくれて、**「まだ成果に至っていないだけ、あなたには可能性がある」**と思ってくれる存在が目の前にいたらどうでしょう。

あなたの頑張りを後押しし、ツラいときには励ましてくれる、**「あなたはチームにとって、かけがいのない人だ」**と思ってくれるリーダーがいたら、あなたの心のエネルギーはどうなるでしょうか？

「ダメ出し」と「承認」の決定的な違い

可能性承認のコミュニケーションとダメ出しのコミュニケーションの違いを、ここで再現してみましょう。例えばこんな感じです。

《「ダメ出し」のコミュニケーション》

部下：「今回の件、残念ながらうまくいきませんでした」
上司：「おいおい。なんでだ？」
部下：「想定より難度が高く、結果を出すに至りませんでした」
上司：「そんなこと言ってるからダメなんだよ。今からなんとかならないの？」
部下：「なんとかしようとはしているのですが……」
上司：「そんな程度の気合だからダメなんだよ。君はいつもそうだ」
部下：「……」

《「可能性承認」のコミュニケーション》

部下：「今回の件、残念ながらうまくいきませんでした」
上司：「そうか」
部下：「想定より難度が高く、結果を出すに至りませんでした」
上司：「それは残念だな。ちょっと聞くけど、結果を出せるレベルを10合目だとすると、今回は何合目まで来ていた？」
部下：「それを言うと、6合目くらいまでは来ていたと思います」
上司：「そこまで来てるじゃないか。では、7合目まで辿り着くにはどうしたらいい？」
部下：「〇〇〇についての予測が足りなかったので、そこをもう一度しっかりと考えれば、展開も変わってくると思います」
上司：「じゃ、まずそこから始めてみるのはどうかな？」
部下：「はい、そこだけで8合目くらいには辿り着けそうな気がしてきました」
上司：「うん、いけると思うよ。もう一度やってみる？」
部下：「はい！」

最高のリーダーはできない部下をも「成長」に導く

成功の秘訣は「やめないこと」です。

うまくいかなかったことを振り返り、やめることなく、繰り返しチャレンジしていれば、やがて結果はついてきます。このプロセスで、人は大きな成長を遂げるのです。

大事なことは、**リーダーがフォロワーの心のエネルギーを補充していること**です。

ダメ出しの例のように、リーダーが、相手の心のエネルギーを奪ってしまうようなコミュニケーションを取っていると、再トライのためのエネルギーが足りず、将来的にフォロワーが結果を出す可能性まで下げてしまいます。

一方、可能性承認のコミュニケーションのように、相手の心のエネルギーが高まるコミュニケーションをリーダーが取れば、将来的に結果を出せる確率も高まり、それによる成長もしっかりと支援されるのです。

部下全員が結果を残せている状態など滅多にありません。本当の育成力とは、結果を出せていない部下をも、成功や成長に導く力であると言えるのではないでしょうか。

承認と甘やかしの違い

承認	甘やかし
・自主自立のための応援 ・チャレンジのための心のエネルギーアップ ・次の行動につながるコミュニケーション ・「では、どうするか？」	・過保護、過干渉 ・チャレンジを応援しない ・次の行動につながらないコミュニケーション ・「しょうがないよね。まあ、いいんじゃない」

次につながる「承認」と、つながらない「甘やかし」

こういった話をすると、「承認って、甘やかしに通じるのではないか？」と感じる方がいらっしゃいます。

ですが「承認」と「甘やかし」は、全く異なるものです。

甘やかしは、相手に対して緩い対応をすることで終わってしまい、**フォロワーの次の行動につながらない行為**です。

「まあ、難しかったから仕方がないね」というだけの緩いコミュニケーションをして、フォロワーに「上司がそう言うのだから、できなくても仕方がないし、再トライもしなくていいかな」というような雰囲気をつくり出してしまいます。

フォロワーがある程度できているときも、「いいね」「やるね」で終わってしまっては、甘やかしとなります。ましてや、リーダーがフォロワーに好かれようとして、こういったコミュニケーションばかり取るのは、やがてフォロワーに舐められることになる可能性もあり、大変危険です。

一方、承認というのは、**相手の心のエネルギーを上げ、次の行動につなげるコミュニケーション**です。そこには、相手に対し「やればできる」の可能性の承認があるからこそ、次の行動を促す流れがあります。先ほどの例（151ページ）の「もう一度やってみる?」というリーダーの言葉のように、**フォロワーの行動を促すことは、相手を「できる」と承認しているからこその行為**なのです。

リーダー側にフォロワーに対する本当の承認があれば、相手ができているときも、「いいね」「やるね」に続いて、**「で、次のステップはどうする?」**という投げかけが行われます。「あなたはできるんだから、もっと高みを目指せるよ。動かなくてどうする?」というような心持ちです。

相手ができているときも、できていないときも、どちらの場合でも、フォロワーの次の行動を後押しすることで、実践による成長を促すのが、承認のコミュニケーションです（ただし、失敗のダメージが大きいときは、心のエネルギーの枯渇が激しい状態にあるので、すぐに行動を促すよりも、少しの間、エネルギーを十分に蓄える期間も必要です）。

リーダーはフォロワーの「成長の機会」を奪ってはいけない

ちょっと違う観点からお話しすると、フォロワーが頑張ればできる仕事を、なかなか進捗しない焦りと苛立ちから、リーダーが「もういいから私がやる」と引き取ることも相手の心のエネルギーを下げます。フォロワーからすると「できると思ってもらえないんだ」という、承認されていない感覚です。

場合によっては、これも甘やかしにつながります。なぜなら、「ああ助かった。これ、大変だったんだ。リーダーにやってもらえればありがたい」と、フォロワーが思ってしまうこともあるからです。

この場合、**フォロワーが困難を乗り越えて成長するという「成長の機会」**を、**リーダーが摘み取ってしまっている**わけです。しかも悪いことに、リーダーのほうは現場の仕事が増えて大変になり、成長支援に使える時間も減っていくという悪循環が繰り返されます。

大事なことは、**引き取るという判断をする前に、傾聴を通して正確な状況把握をし、リーダーとしてどんなサポートをすればよいかをしっかり探る**ことです。状況把握から、そのフォロワーにとって、難度があまりに高いと判断したら、引き取ることも必要です。その場合、フォロワーがその難度の差に納得していることが肝心です。

一方、引き取るのではなく、引き続きチャレンジをしてもらうと判断したら、しっかりサポートしてあげましょう。リーダーのサポートを得て、乗り越える経験をすることで、フォロワーの成長が促されます。このとき、フォロワーにも「リーダーのサポートをもらったけど、最後は自分で乗り越えた！」という達成感が出れば、自己効力感や自己肯定感も高まります。

フォロワーが「自分で達成した」と思えるリードを

このようなことができるリーダーは、優秀なコーチに匹敵するレベルにあります。

本物のコーチは、「できたのは、ひとえにコーチのおかげ」でなく、**「コーチのサポートを受けながら、自分が達成したんだ」と相手が思うような方向にリード**していくコーチなのです。このようなことができるリーダーは、リーダーとして大変価値の高い仕事をしていると言えるでしょう。

創業タイプの私は、コーチとして駆け出しの頃、クライアントから「コーチのおかげです」という言葉を強く求めていました。しかし、やがてそれが一流コーチとは程遠い「あり方」であると気づきました。そして、クライアントが「自分で達成した」という感覚になることに導く技術と、コーチとしての「あり方」を鍛えるという、大切なプロセスを経験したのです。そのプロセスを通じて、自分の傾聴の質が大きく変わったことを実感しています。

具体的に言えば、こちら側の我《が》を抑え、コーチングの場がクライアント主体の場となるために、「どうしたらよいか？」という試行錯誤を繰り返したのです。

その結果、**コーチング中の意識を相手に集中させ、「相手の話を聴ききる」ことが、クライアントの内的変化にいかに大きく影響するか**を実感しました。しっかりと相手の話を聴ききると、クライアントが、その外側に起こっていることや、内側にあった思いを口にすることで、大切な「気づき」が自然に湧き上がるのです。

気づきによって内的変化が起こるので、行動が変わり、行動を続けることによって結果が出ます。**行動をしたのは、コーチではなく、自分自身なので、「自分で達成した」という感覚になる**わけです。

守成タイプの人は、創業タイプの人よりも、フォロワーをバックアップすることが得意です。おそらく、コーチ的にフォロワーを導く、という点においても適性があるでしょう。守成タイプの人が、自分で話すことよりも、人の話を聴くことが得意なのは、フォロワーの成長支援という面でも非常に大きな武器となるのです。

主体性を育てる

人材育成、成長支援という話題になると必ず問われるのが、フォロワーの「主体性」の向上です。これは、スキルや知識を身につけてもらうよりも難度が高い成長目標指標でもあります。

難度が高い理由は、**フォロワー自身にもののとらえ方や考え方の本質的変化（マインドの変化）が起きる**必要があるからです。だからこそ、**フォロワーの主体性を高めることができるリーダーは、リーダーとしての価値が高い**と言えます。

これを聞いて「わかるけど、そんな難度が高いことを言われても……」と感じる方もいらっしゃるでしょう。

ここでは、フォロワーの主体性を高めるために普段からできることをご紹介します。

何事も、一気に解決することはできません。しかし、難しいからといって何もやらないのは、リーダーとして取るべき態度とは言えないでしょう。

本書では、リーダーとして**「やれることから確実にやる。そして、それをやり続ける」**というスタンスを奨励します。ここには、まず、リーダーである**あなた自身の主体性が問われている**という側面もあるのです。

「フォロワーによるリーダーシップ」を高める

主体性とは、**「何をすべきか決められていないことに対し、自分の意思・判断により自ら責任を持って行動する態度や性質」**です。英語ではindependence、つまり人に依存せず、自分で考え、自分で動くということです。似た言葉で、自主性という言葉がありますが、こちらは「決められたことに対して、自ら率先して行動する態度や性質」です。

これを違う言葉で置き換えてみると、主体性は「リーダーシップ」、そして自主性は「自分の行動を能動的にマネジメントすること」です。経営学者のピーター・ドラッカーの言葉を借りるなら、マネジメントは「Do things right」、すなわち、決められたことを自主性を持ってきっちりとやること。一方、リーダーシップは「Do the right things」で、そもそも何をすることが正しいのかを考えることから始まります。

ですから、これからあの山に登るのか、あの川を越えるのか、はたまたこの場に留まるのか、「決められていないことを決め、実行する」のがリーダーシップです。

一方、フォロワーが主体的に考え、主体的に行動することを**「フォロワーシップ」**と言います。フォロワーシップとは、言ってみれば、**フォロワーが持つリーダーシップであり、全体の目的を見据えたフォロワーの積極的な姿勢**です。

ここで、フォロワーに対してリーダーシップという言葉を使うことに違和感を感じる人がいるかもしれません。しかし、私がお伝えしたいことは、リーダーシップとは、**リーダーの中にだけあるものではない**ということ。それは誰の中にもあるものです。部長でもリーダーシップに欠ける人もいれば、新卒社員でもリーダーシップに溢れた人もいます。**リーダーシップは、組織内のポジションとは関係がないもの**です。

このように、部下の主体性を高めるというのは、そのフォロワーシップを高めることなのです。

カリスマリーダーと評される人がいなくなった組織が、その後大きく業績を落として、そのリーダーの凄さが再認識されるというケースがあります。

これを、あなたはどう考えるでしょうか？

私は、このリーダーが本当にレベルの高いリーダーだったとは思えません。

なぜなら、本当に優れたリーダーであったならば、**部下のフォロワーシップをしっかり育て、「自分がいなくても大丈夫な組織体制を作っていたはず」**だからです。

このリーダーは、戦略家や起業家という点では素晴らしい能力があったかもしれません。しかし、自分不在の体制を構築できなかった時点で、長期的な繁栄を考えて組織を作る、というリーダーの役目をしっかりと果たすことができなかったことには違いがないのです。

特に我《が》が強く、自分が主役でなければ気が済まないようなカリスマリーダーほど、後進の育成が疎《おろそ》かになりがちです。そういった意味でも、**守成タイプは、部下のフォロワーシップを育て、中長期的に発展する組織やチームを作ることに適性がある**と言えるでしょう。

承認のコミュニケーションで「考える習慣」を引きだす

部下のフォロワーシップを育成するための土台も、やはり「信頼関係」です。ここでも相手の話をしっかり聴き、関係性を高めることが肝心です。

続いて重要なのが、**「相手に考える習慣をつけてもらうこと」**。

フォロワーシップは、フォロワーが持つ主体性です。フォロワーシップを向上させるために欠かせないのは「自分の頭で考えてもらうこと」になります。だから、できるだけ相手が**自己効力感（有能感）を感じながら、自分なりの考えを口にすることを促す**コミュニケーションが重要になるのです。

そのためのスターティングポイントは、まず前述した「承認のコミュニケーション」を繰り返すこと。承認をもった傾聴をしていると、会話の中で、自ずとこちらよりも相手が話している割合が増えていきます。そうしていると、相手のほうに「聴いてもらえるんだ」「いろいろ話していいんだ」という感覚が出てきます。これにより、普段はあまり口数の多くない人も、積極的に話すようになります。「傾聴してもらう→

質問される→考えを述べる」という流れが、「考える習慣をつける」ために肝心なのです。

そして、あなたから承認を受けることで、相手の自己効力感も高まっていきます。**自己効力感が高まると、積極的に考えたり、行動するということに前向きになっていきます。**

また、しっかりと傾聴していると、相手の現在の状況や、仕事のスキルレベル、経験値なども、より正確に把握できるようになります。そこを見極められれば、**どのレベルのことは指示を出すべきで、どのレベルのことは自分で考えて動いてもらえそうか**が見えてきます。ここを見極めるのが、リーダーとして大切な仕事です。

見極めたら、指示を出すべきところでは指示を出し、考えてもらうべきところでは考えてもらうコミュニケーションを取れるようになります。

「考える習慣」を引き出す承認のコミュニケーションの流れ

1　信頼関係を土台に、相手の話を承認しながらしっかり聴く（傾聴）

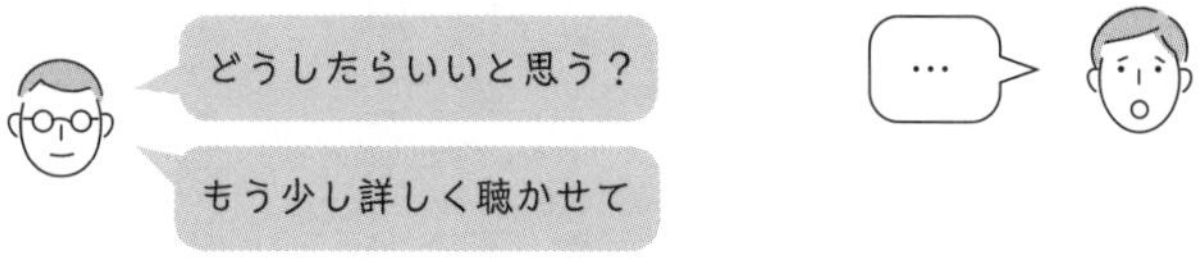

2　相手の「自己効力感」が高まり、積極的に話すようになり、自分で考えるようになる

3　相手の状況、仕事のスキル、経験値が把握できるので、指示のレベルを見極められる

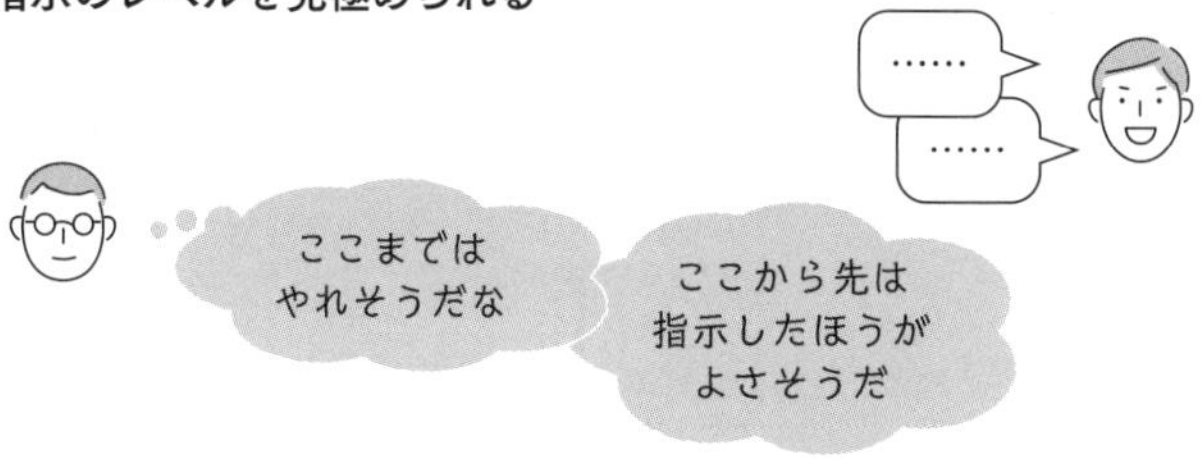

4　考えてもらうべきところでは考えてもらう

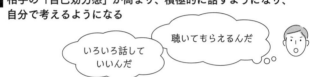

「指示を出すか」「考えてもらうか」を見極める

指示を出すコミュニケーションと、考えてもらうコミュニケーションの違いは、例えば次のような感じです。

《指示を出すコミュニケーション》

上司：「例の件の進捗について教えてもらえるかな？」
部下：「イベントの集客がうまく進まないところがありまして、ちょっと困っています」
上司：「それは、告知の絶対量が足りないのじゃないか？　告知をもっとやったほうがいいな」
部下：「承知しました。そのように進めます」

《考えてもらうコミュニケーション》

上司：「例の件の進捗について教えてもらえるかな？」
部下：「イベントの集客がうまく進まないところがありまして、ちょっと困っています」

上司：「もう少し詳しく教えてもらえる？」
部下：「はい、告知してはいるのですが、いまいち反応がよくなくて」
上司：「反応がよくない原因は何が考えられる？」
部下：「使っているメディアが対象顧客にあまり届いていないのか、あるいはコピーが弱いのか……」
上司：「ほかには？」
部下：「う～ん、そもそも対象顧客の興味や悩みに響いていないのかもしれません」
上司：「それで、どうしたらいいと思う？」
部下：「メディアの選択は大丈夫だと思うので、もう一度、対象顧客の興味や悩みを深掘りしてみます」
上司：「いいね。それ、どうやる？」
部下：「調査をしている時間はないので、ネットで検索してみます」
上司：「○○○というサイトが便利だから、使ってみるといい」
部下：「ありがとうございます！　早速調べて、明日また報告します」

このように、**考えてもらうコミュニケーションは、「一緒に考えるコミュニケーション」でもあり、業務の改善などにもより効果を発揮**します。

この場合、最も大事な質問は**「どうしたらいいと思う?」**という質問。この質問によって、相手が本質的なことをしっかり考える流れができます。

この質問をせず、指示だけをすると、相手はあまり考えることなく、「指示通りに業務をこなす」という流れになります。これでは、主体性が育つ余地がなくなってしまうのです。

スキルが見極められない場合は「考えるコミュニケーション」を選ぶ

また、部下のスキルや経験レベルなどをなかなか見極められない場合は、**まず考えてもらうコミュニケーションをする**ことをオススメします。

それで、なかなか質問に対する答えが出てこなかったら、**「では、AとBとCというやり方が考えられるのだけど、現場の状況を考えると、どれが一番有効だと思う?」**というような選択肢を出し、どれかを選んでもらいます。さらに、選んだ理由を聞けばと、部下なりの考えが見えくるはず。このプロセスがあることで、相手が**「自分の**

頭で考える習慣」を身につけていくことにつながっていきます。

そして、さらなる質問を繰り返した末、ABCの選択肢のうち、どれでいくかを相手が決めた理由にあなたが納得したら、そのやり方で進めてもらいます。

「最終的に自分で選んで、その理由に上司が納得してくれた」と思えば、最初にアイデアを出せなかった残念な思いを払拭《ふっしょく》し、自己効力感も生まれてくるでしょう。

これを繰り返すことで、フォロワーが、「自分で決めて、自分で動いている感」が強くなっていくのです。

部下に仕事を任せられない人の思い込み

次は、「どこまでフォロワーに任せるか?」、つまり権限委譲の段階になります。

権限が委譲されたら、フォロワーは、自分で考え、自分で動くしかなくなります。

権限を委譲した上で、フォロワーが活躍してくれれば、主体的に動く存在になります。

ここまでくれば、リーダーとしてはフォロワーに対して高いレベルでの人材育成、成長支援を行っていると言えます。

とはいえ、ここでよく聞くのが「なかなか部下に任せられない」という問題です。

そんな人はその仕事を、**「自分がやるのと同等レベルで部下がやれないと任せられない」**と思ってはいないでしょうか？

こういった思いがあるのは、**人に任せられない人の特徴**です。自分と同等レベルでやってほしいと思うから、「相手のできていないところ」ばかりに目がいきがちになります。さらには、任せられないから、自ずと現場の仕事をたくさん抱えてしまうのです（その分、成長支援に割り当てる時間も少なくなってしまいます）。

ここでは、その前提を変えることをオススメします。

「部下が10割できるようにならないと任せられない」と思うハードルを下げるのです。**このハードルを下げないと、いつまでもあなたがその仕事を抱え続けることになります。これはチーム全体の生産性を考えても、停滞を招く可能性が高くなります。**

では、ハードルを下げるためにはどうしたらいいのか？

まず**「その仕事は自分でなければできない」という意識がないか**チェックしてみてください。もしあるとしたら、「それは思い込みかも？」と疑ってみましょう。その思い込みが強ければ、このことに限らず、部下への可能性承認がなかなかできていないのではないでしょうか？

あなたがよほどの匠《たくみ》レベルであれば別ですが、多くの場合において、人は経験と研鑽を積めば、大抵の仕事はできるようになります。だから、**現時点で10割できていなくても、例えば7〜8割くらいできていれば、実際は任せられる**のです。

最初に6割できれば、10割できるようになる

ある経営者の方と話していたとき、権限委譲の話題になりました。その方は、「部下が6割できると見込めれば、任せるようにしている」とのことでした。

その方によると「例えば、任せた仕事の企画書を提出してもらったときに、こちらの期待の6割を満たしていればまずはOK。ポイントをチェックして、もう一度提出してもらうと、次は7〜8割ぐらいの出来になってきます。これを繰り返すとたいていの場合は10割までレベルを上げてきてくれるのです。だから、最初に6割レベルでできる状態にあるかの見極めが大切なのです」とのこと。

この方は、このやり方で、どんどん部下に仕事を任せているので、自分自身が経営者としてやるべき仕事に時間を使えているとおっしゃっていました。

部下に「権限委譲」をするための思い込み改善ステップ

1 「その仕事は自分でなければできない」という意識がないかを自分に問う

2 実際に、部下に仕事をやらせてみる

自分なりにやってみて

はい！

3 自分のレベルを10として、その6割できていればOKとして、ブラッシュアップのポイントを具体的に指示する

いいね。ここと ここ、こんなふうにするといいと思うよ。できる？

やってみます！

4 さらに改善ポイントを指示する

すごくよくなったね。ここに、こんな視点は入るかな？

やってみます！

5 **4** を繰り返すと、10割の出来になる！

この仕事は、今後君に任せるよ！

頑張ります！

6 リーダーとしての仕事に時間を割ける！

「急ぎでないけど重要なこと」を考える時間が十分に取れ、常に中長期的な展望で組織全体を見ることができる。しかも、部下の主体性は伸びていく……。リーダーとして、このサイクルが肝心なのです。

フォロワーの成長はリーダーとしての成長でもある

成長支援で重要なことは、**フォロワーの小さな成長をコミュニケーションによって言語化したり、可視化したりすること。**例えば「やってるよね」「できているよね」というような声がけや、数値での確認をすることです。そして、その成長をともに喜ぶこと。そうした共感の姿勢が、リーダーとしての信頼感を増し、相手のモチベーションも上げるのです。

最後に大事なことは、**「フォロワーの成長を促すことで、リーダーであるあなた自身も成長する」**ということです。**フォロワーの成長支援のプロセスは、傾聴や権限委譲など、リーダーとしての成長の要素の宝庫**でもあります。ぜひ、少しずつでもここに使う時間の割合を増やしてみてください。

Column 3

なぜ人は会社を辞めるのか

人が会社を辞める理由として、最も多いのが「人間関係」です。

特に、上司との人間関係が、その主要因に挙がることがほとんどです。

これまで、リーダーシップの土台は「信頼関係」であると繰り返し述べてきました。

この場合「信頼関係」と「人間関係」は、ほぼ同義ととらえていただいて結構です。

リーダーがフォロワーとの間で、この土台をつくることができていないと、フォロワーが会社を辞める原因となり得ます。部下が上司との人間関係の問題で辞めるというとき、そのリーダーは、十分なリーダーシップを発揮できていなかったということなのです。

人間関係が良好でないという場合、どちらか一方にだけ責任があることはまずありません。信頼関係がつくれない原因は、フォロワー側だけでなく、リーダー側にもある可能性が高く、リーダーがなんらかの改善を図ることが、再発防止につながります。

リーダーとフォロワーの人間関係がよくない原因としては様々なものがあります

が、**リーダーがフォロワーのことを尊重していなかったり、ちゃんと理解しようとしていなかったりすることが、フォロワーの不満につながる**というケースがあります。

人は多少仕事がキツくても我慢できますが、**「自分のことを正当に理解してもらえない。評価してもらえない」ということには、我慢がならない**ものです。

例えば、頼りにしていた中堅社員が突然辞めてしまうようなケースがあります。

リーダーからすると、非常に優秀な部下なので、安心して任せられるからと、どんどん仕事をアサインして、ほとんどケアをしていません。

部下からすると、その貢献への感謝や、労《ねぎら》いの言葉をほとんどかけられていないことに不満がたまり、「こんなにやっているのに、やって当たり前という扱いをされている」という気持ちになってしまうのです。

人は他者からの承認を求める生き物です。あなた自身もそうではないでしょうか。

一方、あなたのほうは部下を十分に承認していると言えるでしょうか？

リーダーとして、しっかりと部下を承認し、日頃の仕事ぶりをケアすることが、フォロワーの退職を未然に防ぐポイントとなるのです。

Check Point

- リーダーにとって、フォロワーの成長を促す「人材育成」も大切な役割のひとつ
- リーダー一人が現場仕事を頑張るより、チーム全体で頑張るほうが生産性は高い
- 人材育成のための時間をつくるステップは４つ。【1】現状を把握する【2】目標値を設定する【3】現状と目標値のギャップを知る【4】時間配分を変える
- 「承認」は相手の心のエネルギーを上げるコミュニケーションで、人材育成、成長支援には欠かせない
- 承認は「結果承認」「行動承認」「可能性承認」の３種類に分けられ、優れたリーダーは「可能性承認」をうまく使っている
- 最高のリーダーは、結果を出せていない部下でも成長に導くことができる
- 「承認」は次につながるが、単なる「甘やかし」では次につながらない
- リーダーはフォロワーの「成長の機会」を奪ってはいけない
- フォロワーの「主体性」を育てるにはフォロワーシップ（フォロワーによるリーダーシップ）がカギ。自分で考える習慣をつけてもらうことがスタートになる

第6章

「自己を管理」する

「感情」「ストレス」「時間」の
セルフマネジメント

「感情」「ストレス」「時間」管理
――リーダー必須の自己管理の技術

リーダーは、チームをマネジメントする前に、自分自身をちゃんとマネジメントする必要があります。

第2章（44ページ）でも触れましたが、あなたの部下は、あなたが思っている以上に、上司であるあなたのことをよく見ています。あなたがちゃんと自己管理できているかどうか、自分自身のリーダーになっているかどうかも、意外なほどしっかりと見られているのです。

自己管理をすることは、チームを率いるという意味でも、あなた自身が高いパフォーマンスレベルを発揮し続けるという意味でも重要です。

本章では、リーダーとして、そしてビジネスパーソンとしても重要な**「自己管理」**を取り上げます。テーマは、**感情の管理**、**ストレスの管理**、**時間の管理**の3つです。

「感情」の管理
――生産性向上にインパクトを与える要素

リーダーシップは、人と人との関係性の問題です。人と人との関係性において、大きく影響するのが感情。特にネガティブな感情は、関係性を悪化させることがあるので、気をつけなければいけません。このため、自分の感情を管理することは、リーダーにとって必須なのです。

リーダーの感情が安定していると、チームに活力が生まれる

リーダーが自分のネガティブ感情に無頓着で、いつも朝から機嫌の悪い態度を周りに見せていたら、チームにはどのような影響があるでしょうか？

リーダーには、チームの雰囲気（ムード）をつくっていく、よりよくしていくという大切な役割があります。機嫌の悪い態度を周りにぶちまけていては、この役割を果

たしていないわけです（そのことに本人が気づいていない場合が多々あります）。**感情管理ができないリーダーは、チームの雰囲気を停滞させ、チームから活力を奪っています。**逆にリーダーの感情がいつも安定していて、気分にムラがなければ、チームの雰囲気はよくなり、チームの生産性の向上に大きく寄与します。

リーダーの不機嫌を歓迎するフォロワーはまずいないでしょう。さらには、不機嫌なリーダーのもとで働くほうがモチベーションが上がるというフォロワーもいるはずがありません。

「リーダーの感情が安定していて、常にご機嫌でいる」

これは、小さなことのようですが、実はリーダーシップやチーム運営に大きなインパクトがあります。

あなたの普段のご機嫌度は、10点満点のうち平均して何点くらいでしょうか？

「あなたのいつものご機嫌度」「理想のご機嫌度」「ギャップ」について、それぞれ次ページに記入してみてください。

改めて点数が低いと思ったら、それは**リーダーとして成長する伸びしろ**です。この点数を上げていけば、それに比例してチームの雰囲気が上がっていきます。リーダーの機嫌は、それほど全体に影響力のあるものです。**「自分の機嫌は自分で取る」。これが、リーダーとしてかなりプライオリティの高い自己管理です。**

リーダーの不機嫌はチームに悪影響を及ぼす

リーダーの中には、わざと不機嫌を装うことで、人を動かそうとする人がいます。ポジションパワーがある人がこれをやると、確かに人は（恐れを理由に）動きます。しかし、これは次の3つの理由から、決して賢いやり方とは言えません。

【1】部下がイヤイヤ動くことになるので、仕事の質が上がらない

あなたの普段のご機嫌度は？

あなたの普段のご機嫌度	**点**
理想のご機嫌度	**点**
ギャップ	**点**

【2】部下の信頼を失い、軽蔑の対象となる
【3】チームの雰囲気を悪くし、チーム全体の生産性が落ちる

また、感情の管理ができない人は、EQ（感情の知能指数）の低い人とみなされ、ビジネスパーソンとしてのレベルを疑われ、人事などからもマイナス評価の対象となります。同様に、**不機嫌でいることは、「自分自身をマネジメントできていない」ことであり、リーダーシップとマネジメント能力の両方を問われる**ことになります。

このように、不機嫌でいることはリーダーである前に、一人のビジネスパーソンとしても、とても「損」なことなのです。

「笑顔の習慣」が「笑顔の人」をつくる

感情の管理において、オススメしたい方法は、**「笑顔の習慣」**をつくることです。

かつてご機嫌度の低かった私は、まずここから始めました。笑顔でいる時間をなるべく長くする作戦です。

そこで何をしたかというと、夏でも外ではいつもマスクをつけることにしました。

電車の中で、一人、ずっとニヤニヤしているおじさんがいたら、気持ち悪いですよね。でも、マスクをつけていれば、誰にも気味悪がられることなく、いつでも表情筋を動かして笑顔をつくることができます。

朝起きたら、まず鏡に向かって笑顔。家を出るときも、移動中も電車の中でも笑顔。オフィスに着いても笑顔。そして、「この橋を渡るときは、必ず笑顔で渡る」など、**意識的に笑顔になる仕組みを日々の生活の中に作っていきました。**

バカみたいに聞こえるかもしれませんが、このバカみたいな取り組みには、実に大きなメリットがありました。不機嫌度が高かった私が、やがて周りから、なんと**「笑顔の人」とみなされるようになった**のです。笑顔の習慣が、笑顔の人をつくったのです。いつの間にか、笑顔は私の表情のデフォルトとなっていきました。

そうなると、チームの雰囲気も明確に変わります。**チームに笑顔が増え、明らかに雰囲気がよくなっていった**のです。

習慣とは、意識してやっていることが、あまり意識しなくてもできるようになることです。**最初は意志の力でやり続けているものが、やがて意志も意識もなく自然とで**

きるようになり、その習慣が自分自身をつくっていくのです。

感情がコントロールできない「ゴリラ並みの自分」と決別したSさん

「感情のコントロールができないということは、人間としての程度が低いことを意味する。それはすなわち『動物並み』であるということだ」——と、常に、肝に銘じておくことも、感情管理に良い影響を与えます。

私のクライアントに、Sさんという経営者の方がいます。Sさんは、感情のコントロールができないことで、社内の雰囲気を悪くするだけでなく、側近の部下が次々に離職していくという事態に苦しんでいました。

私とのコーチングでの気づきにより、Sさんが行った行動プランが、ゴリラの写真を普段目につくところに貼るというものです。それをオフィスの壁に貼ったり、携帯の待ち受け画面に設定したり、SNSのアイコンに使ったりしました。

これは、「不機嫌を周りにばら撒《ま》いたり、ネガティブな感情のまま声を荒《あら》らげたりしている自分は、ゴリラ並みの人間だ」という自分への戒《いまし》めのためでした。

人間は、「ネガティブ感情」という猛獣に支配されているときは、まともな判断力を失っています。そして、その感情の渦の中にいること自体を、冷静に認識できないことすらあります。そんなとき、これらの仕掛けにより、ゴリラの画像が目に入ってきて、ハッと我に返るという作戦でした。さらに言えば、自分を客観的に見ることができる仕組みでもあったのです。

取り組みを始めて数カ月後、SさんのSNSのアイコンは、ゴリラの写真から、笑顔のSさんの写真に変わっていました。それが、「ゴリラ並み」を卒業したというSさんからの合図でした。

感情のコントロールは、チームの雰囲気をよくするためのリーダーの大切な仕事です。組織に属していて、ほかの部署のリーダーと、仕事の能力や部署の成績で争いたくなる気持ちになることも多いでしょう。それらで争う前に、ぜひ「リーダーとしての機嫌の良さ」で争うほうが、よほど素敵だと思います。これは実はかなり賢い戦略であると確信しています。

感情の管理、EQ向上については『心の知能指数を高める習慣』(クロスメディア・パブリッシング)に、詳しく書いていますので、ぜひ参考にしていただければと思います。

「ストレス」の管理

——避けられないなら「どう対処するか」を考える

リーダーは常に、様々なプレッシャーやストレスにさらされています。責任が重くなったり、ポジションが上がったりすると、それはさらに大きなものとなります。

これらは避けられないものと受け入れて、「どう管理するか」を考え、実践することで、健全に活躍し続けることができるようになります。

ストレス管理の方法については、ストレスの原因と解決法ごとに、細かく解説しようとすると、それだけで本一冊分にもなってしまいます。

そこで、本書では最も重要な**「客観性を身につける」**と**「しなくていい我慢をしない」**の2点に絞ってお伝えすることにします。

ストレス対策その① 客観性を身につける

ストレスを感じていると、副腎皮質《ふくじんひしつ》から放出されるステロイドホルモンであるコルチゾール値が上昇します。コルチゾールが過剰に分泌されると、鬱《うつ》、不眠などの精神疾患だけでなく、肥満、メタボリック・シンドローム、心疾患など、身体への影響も出ると言われています。

ストレスをためないために、とても有効なのが「客観性を身につける」ことです。ここでいう客観性とは、**「自分自身を外側から見る視点を得る」**という意味です。

強いストレスがかかる状況にあるとき、そんなストレス下の自分にどっぷり入り続けると、精神的にも肉体的にも参ってしまいます。

しかし、そんな自分を外側から見る感覚を得られれば、ストレスにさらされている自分を少し冷静に見ることができます。やり方によっては、そんな自分をまるで他人事のようにとらえることも可能になります。

自分自身を外側から見るために最も簡単な方法は、**「書きだす」**という方法です。

自分を客観視するための「書きだす方法」は、**自分が今置かれている状況を紙に書きだしてみる**というやり方です。そうすると、その状況が文字化、見える化します。あなたの頭の中にあることを、いったん外に出して見える化すると、それを読んだときに、**自分自身を少しだけ他人を見るような視点でとらえることができる**のです。

そういった意味で、日記をつける習慣というのも、実は自分を客観的に見るために、とても有効な方法と言えます。

書き方のコツとしては、ストレスを感じたとき、湧き出るネガティブな感情はいったん脇に措《お》いておいて、**現状起こっていることだけを、ファクトベースで書き連ねていく**ことです。

例えば、こんな感じです。

「今日、上司からプロジェクトの進捗の遅れについてチェックが入った。上司はこの状態について、かなり不満な様子。上層部からのプレッシャーも大きいらしい。

上司は、私がプロジェクト管理能力を上げることを求めている。まだ足りないと判断していると見受けられる。ここは今後の課題である」

ちなみに、これを感情を入れて書くと、次のようになります。

「今日、上司からプロジェクトの進捗の遅れについてチェックが入った。上司はこの状態について、かなり不満な様子。上層部のプレッシャーが大きいことも理解できるが、私なりに頑張ってやっているのだ。その辺りも認めてほしい。それがないと、このような面談もツラいだけになってしまう。

上司は、私がプロジェクト管理能力を上げることを求めている。私には能力がないと思っているのだ。この状況でそんな指摘を受けると、さらに自信がなくなる」

このように、感情を入れて書くと、**その感情に引っ張られ、冷静さを失いがちになります**。一方、感情を入れず、ファクトベースで書いていくと、自然と冷静に現状を把握できるようになります。この**「冷静に現状を把握する」**という視点に立つことが大切なのです。すると、その現状に対して**強く感じていたネガティブな感情が抑えられ、ストレスが軽減されていく**のです。

これを行うもうひとつのメリットは、**現状分析が冷静にできることによって、それまで思い付かなかった施策に気づく確率が高まる**ということです。スキー・モーグルの元日本オリンピック代表選手だった上村《うえむら》愛子さんは、試合結果や練習などを記録する、振り返り日記をつけ始めてから、ワールドカップなどで連続して表彰台に上ることができるようになったそうです。日記を書くことによって、自分自身を冷静に見つめ、技術面とメンタル面の双方の修正を図ることにより、戦績を残していったのです。

ちなみに、「感情部分も書きだして、ストレスの発散を図りたい」という人には、感情をぶちまけるためのノートを別に用意しておいて、それを数日後に読み返してみるのも、有効に働く場合があります。こちらも試してみる価値アリです。

ストレス対策その② しなくていい我慢をしない

リーダーには、様々な場面で「我慢」を強いられることがあります。

そこには、**必要な我慢と不必要な我慢**があります。中には、あなたが必要だと思い込んでいるだけで、実は不必要な我慢もあります。ストレス対策としては、不必要な我慢をしないこと。これが肝心です。

スタンフォード大学の研究者、エマ・セッパラが行った「幸せ」についての研究では、**「我慢して働けば幸せになれる」と考える日本人の「生産性」は低い**、という研究結果が報告されています。不必要な我慢をして、生産性を下げてしまっているのは、改善の余地がある、というわけです。

そこで、ここではまず、**「我慢して働くことが美徳」という概念を崩して**いただければと思います。これは、あなたの生産性のためでもあります。

守成タイプの人は、**人の目を気にしたり、常識人であろうとする傾向**があります。この傾向が強く出ると、本当はこうしたいのに、常識や、周りの空気に従って我慢することが多くなります。

早く帰宅したいのに、周りの人たちがまだ働いているから帰りづらく、本意ではないのに残業を続けてしまう、というようなことも、不要な我慢の典型例です。

20時以降の残業は、酔っ払って仕事をしているぐらいの生産性しか生まないという話があるように、我慢をして、ストレスをためて、そして生産性の低いことをしているという、とても賢いとは言えないことです。飲み会で、帰りたいのに帰りづらく、2次会に付き合ってしまい、余分な時間とお金を浪費してしまうというのも同じです。

これらのことをして、得るものはなんでしょうか？
上司や周りの人からはみ出していないと思われること？
付き合いがいい人間と見られること？

最近では、いつまでも残業をしている人は「仕事が遅い人」と思われたり、飲み会でも1次会で帰宅する人のほうが、時間をマネジメントできている人と見られたりもします。**我慢をして失っていることと、得られることを天秤にかけると、かなり割に合わないことをしている**のではないでしょうか？

部下の育成で「教えれば早いのに、部下が自分で答えを出せるように傾聴を続ける」などのように、部下やチーム運営のために必要な我慢であれば、する価値も十分にあります。一方、「自分がどう見えるか？」を気にした上で行う、「実は必要でなかった」ということに無自覚に縛られて我慢をしてしまうのは、はたから見ると、ちょっと滑《こっ》稽《けい》ですらあります。

無自覚に我慢していたことを疑ってみる

大事なのは、あなたが我慢しようとしていることについて、**「その我慢は本当に必要?」と自分の中の常識を疑ってみる習慣をつける**こと。

人が我慢することにつながる例を挙げてみます。

- 有給休暇を取りたいのだけど、取りづらい
- 休みの日に来たメールもすぐ返さなければと思ってしまう
- 上司から指示されているやり方はベストではないと思っているけど、我慢して従っている
- 部下が全員帰宅する前には帰れない

……など。

これらを「その我慢は本当に必要?」と疑ってみると、

- 有給休暇を取りたいのだけど、取りづらい

集中して働く↓しっかり休む↓集中して働く、というサイクルが仕事のクオリティ

を上げます。ちゃんと休んで心身にエネルギーチャージをしたり、リラックスして副交感神経を優位にする時間を設けたりすることが、最終的に仕事の質を上げることにもつながります。

一方、不必要な我慢をして休暇を取らず、ストレスまでためてしまうのは、少しシビアな言い方をすると、ビジネスパーソンとして「やるべきことをやっていない」状態とも言えるでしょう。

そもそも、上長のあなたが有給休暇を取らなかったら、部下はなおさら取りづらくなります。部下のためにも、ちゃんと休暇を取るのがあなたの仕事です。有給休暇をちゃんと取れないという状態は、本来、かなりおかしな状態なのです。

・休みの日に来たメールもすぐ返さなければと思ってしまう

気持ちはわかります。しかし、このことでストレスをためたり、余暇を十分に楽しめない、リラックスできない原因となるのであれば、**休みの日には会社のメールを使用しない**と決めることをオススメします。

ちなみにドイツでは、２０１４年に業務時間外には仕事に関するメールを送らないことを義務づける「反ストレス法」の制定が呼びかけられ、フランスでは2017年に、勤務時間外の仕事関連のメール受信を拒否する法的権利が労働者に与えられています。つまり、休みの日にメールを送ること自体が法律に触れるのです。日本でも、こういったことが「常識」となるのは、そう遠いことではないと思います。

- 上司から指示されているやり方はベストではないと思っているけど、我慢して従っている

上司が一番望んでいることはなんでしょうか？ それは、しっかりと仕事で結果を出すことで、あなたが上司のやり方に従うことではありません。あなたに指示されたやり方よりもよいやり方が見つからなければ別ですが、もっといい方法があるのであれば、我慢して従うよりも、別のやり方を提案するほうが賢明です。

その場合、「そのやり方よりも、こちらのやり方のほうが良い」と言ってしまうと角が立つので、**「こういうやり方をすると、こんな成果が出るという例があるので、こちらのほうでトライしてみたい」**と提案してみるのです。

それがすんなり通るかどうかは別ですが、我慢してストレスをため、しかも大した

結果を残せる見込みもないことをやり続けるのが得策でないことだけは確かです。

さらには、**上司の立場からすると、そういった提案をしてくれるほうが、あなたに対して、主体性やリーダーシップを感じる**でしょう。こちらの言ったことに従って、そこそこの成果で終わる部下と見られるよりも、自分なりのやり方を選んでみるというのはいかがでしょうか？

・部下が全員帰宅する前には帰れない

昨今においても、まだこのような状況にある組織や部署が散見されるのに驚きます。これは部下のためというよりも、上司側に**「上司として仕事をちゃんとしているように見られたい」という心理が働いている**場合が多いのです。残業で「やってる感」を示すよりも、業務時間中の仕事をしっかりやって、**できるだけ定時に帰るのが上司としての仕事**です。

ここに挙げたような我慢は、むしろ仕事をダラダラとやるというような雰囲気を生み出しかねません。私が経営する会社のクライアントである某地方銀行では、17時の定時帰宅を徹底する試みを全社的に実施しました。最初のうちは「忙しいから無理」

という声も各所から多数聞かれたそうですが、しばらくすると、全体がほぼ残業なしで回るようになり、しかも会社の業績はむしろ健全に向上したとのことです。

「今となっては、20時や21時まで働いていた過去はなんだったんだ、という感覚です」というのは、人事担当の方の言葉です。仕事と休みの良いサイクルをつくることによって、大幅に仕事の生産性と質が向上したわけです。

この例のように、**「仕事がたくさんある＝毎日残業しないと追いつかない」というのも、思い込み**です。帰宅時間を決めて取り組めば、自ずと業務効率は上がります。周りに流されず、一日を、そして一カ月、一年を、自分で決めたスケジュールで行っていくことも、自分に対するリーダーシップとマネジメントなのです。

「～であるべき」にも不要なストレスがひそんでいる

また、**リーダーとして「～であるべき」という観念も、ストレスの原因**となります。

- リーダーは部下たちを力強く引っ張っていかなくてはならない
- リーダーは、すべての点で、部下より優秀でなければならない

・リーダーは弱みを見せてはならない

……など。

これらが思い込みであることは、ここまで本書をお読みの方にはおわかりでしょう。あなたの中にあるリーダーのマスト事項（～しなければならない／～でなければならない）から、これらを外して、不要なストレスから解放されることをオススメします。

仕事をしていれば、マスト事項がゼロになることはありませんが、余分なストレスがかかるマスト事項はできるだけ少なくしていくことが、リーダーシップ発揮のための戦略のひとつです。

ここでも**「小さなことから始める」**がコンセプトです。

まずは小さなマスト事項（あなたがマストだと思っていること）に**「それは本当に必要？」と問いかける**ことから始めましょう。そうすることにより、自分自身を少しずつストレスから解放してあげてください。

Column 4

チームの絆を強める「自己開示」

「リーダーは強くなければいけない」「リーダーは優れていなければいけない」「リーダーは弱みを見せてはいけない」……あなたは、こうした思いをお持ちでしょうか？

このような観念に縛られると、**「リーダーとして、相手に隙《すき》を見せまい」**という意識と行動が強くなります。そのため、素直になれず意固地になったり、強情になったりと、無理のあるリーダー像を演じることになります。そこに本来の自分との乖離《かいり》が起こって、本来抱えなくてもいいようなプレッシャーやストレスを抱えることになってしまうのです。

これらの観念を緩めながら行う行為が、**「自己開示」**です。

自己開示とは、**自分の弱みや本音を相手に開示すること**です。「リーダーは弱みを見せてはいけない」という観念が強過ぎると、これができません。

一方、**ちょっとした個人的な欠点が、リーダーの人間性を味わい深くする**という面も見逃せません。完璧な人よりも、弱みを見せてくれる人のほうが、親近感を感じるというのが人間の性《さが》です。また、リーダーとして、弱みを見せることはまた、周りの人に「リーダーをどう支援すればよいか」の手がかりにもなるのです。

もっと言えば、たとえ、あなたがその欠点や弱みを隠そうとしても、部下には大抵のことはバレています。頑《かたく》なに隠そうとするよりも、素直に認めてオープンにしたほうが、親近感や信頼を感じてもらえるのではないでしょうか?

リーダーが弱みをさらす利点は、成人発達学の世界的権威であるハーバード大学のロバート・キーガン教授などにより、科学的に裏付けられているので、アメリカでは、CEOが積極的に自らの弱みをメディアにさらすことがブームにまでなっています。

しかし、これには注意点があります。それは、**「弱みとは強みを提示したのちに、控えめにさらすべきもの」ということ。あなたの強みを周りの人が認めないうちに、弱みをさらすことには**リスクがあります。現にシリコンバレーでは、新任のCEOが、その強みを社員が認める前に、社員との心の距離を近づけようとして、弱みをさらし、大きな失敗をしたケースがたくさんあります。

あなた自身のパーソナルパワーを鍛え、強みを提示した上で、弱みをさらす。このことが、あなたとフォロワーの皆さんとの信頼関係を強化するのです。

「時間」の管理
——有限資産を有効活用する技術

時間の管理は、誰にとっても大きな課題です。

あなたの人生において、使うことができる時間は限られています。無計画に毎日を過ごしていては、その貴重な資産を有効に活用できません。リーダーが時間管理をどれくらいできているかは、フォロワーやチーム全体にも大きな影響を与えます。

そこで、「リーダーとしての時間管理」について、いくつかお伝えしていきたいと思います。

最初に「ゴール設定」をすれば、逆算でシナリオが描ける

時間管理でまず大切なことは、ゴールを定めることです。

一年や一カ月単位のゴールだと、ちょっと話が大きくなり過ぎるので、ここではま

ず一日のゴールを定めるところから始めましょう。

ゴールのひとつは、**「何時に仕事を終了して、どれだけの成果を残すのか？」を設定すること。**非常にシンプルですが、日々これをちゃんと定めている人は、意外にも多くありません。

これを定めると、「○○時に退社する」↓「退社する1時間前までには何をする」↓「お昼までには何をする」↓「出社して、朝一には何をする」と逆算で様々なことが見えてきます。一日のシナリオが描けるわけです。これをやると、**朝から最高のスタートを切ることができます。**

朝の通勤電車の中で「一日の行動計画」をシミュレーション

広告会社に勤めていた20代の頃、当時の部長に「朝の通勤時間に何をしてる？」と聞かれ、「通勤ラッシュに耐えています」と訳のわからない返事をした覚えがあります。

私の返事に対し、部長は次のように言いました。

「通勤時間は、一日の計画を練るのに最適の時間だ。今日一日どう動くかを考えたり、クライアントとの商談の流れをイメージしたりするといい。それを毎日しているのとしていないのとでは、やがて雲泥の差ができることを覚えておけ」

今思えば、最高のアドバイスをいただいたと感謝しています。

ゴールを定めると、そのゴールを達成するためにやるべきことを「一日のうち、どの時間にやるのが最適なのか？」と考えることに思考が移ります。

「ゴールデンタイム」にどんな仕事をするか

仕事は、大きく分けて、

①急ぎで重要なこと
②急ぎではないが、重要なこと
③集中と深い思考を要すること
④商談や会議、部下への指導・育成など、人との直接のやり取り
⑤メールやメッセンジャーなど、人との間接的なやり取り

⑥あまり思考を使わなくてもできる作業的なこと

などに分けられます。

ここで重要な問いは、**「あなたのゴールデンタイムはいつか？」**ということです。ゴールデンタイムとは、**あなたが一番集中できて、一番深く思考できる時間**です。

ここで、電話や他人から話しかけられることなど、思考を中断させられる可能性を少なくすることが大切です（可能性がある場合は、会議室やカフェなど、集中できる場所に移動することがオススメです）。ここをどう定め、どう使うかは時間管理の最大のポイントです。

例えば、ちょっと極端な例かもしれませんが、私の場合は、朝の5時から7時の2時間がゴールデンタイムです。

そのために4時30分に起き、またその時間に快適に起きるために、遅くとも22時30分には寝たり、その1時間前からは、スマホやPCに触れない、明るい光の環境をつくらない、という行動管理をしています。

ゴールデンタイムには、主に②と③の仕事をします（①をやる場合もあります）。基本、④～⑥の仕事はやりません。この時間では数年単位の戦略を考えたり、数カ月後に締め切りをひかえている本の原稿を書いたり、数週間後に実施予定のクライアントへの提案の内容や、研修プログラム内容を考えたりしています（本書も、朝のゴールデンタイムに書いています）。

ゴールデンタイムの仕事は、通常の時間に比べ、効率とクオリティが数倍高いという感覚があり、7時に朝食をとる頃には、すでに4時間分くらいの仕事をした感覚になっています。

こういった流れをつくり、遅くても夕方の17時には、仕事を終了させます（17時終了といっても、仕事を開始した5時からは、12時間経っているので、結構な仕事量になっています）。このような流れをつくると、22時30分に寝るとしても、寝るまでの5時間30分という時間を自由に使うことができるのです。

このように書くと、「なにかキチキチしていて、とてもマネできない」と思われる方もいらっしゃるかもしれませんが、習慣化してしまうと、一つひとつが驚くほど自然にできるようになります。かくいう私も、かつては朝8時ぐらいに起き、始業時間ギリギリに会社に駆け込むような人間だったのです。

ゴールデンタイムは、人によって違うと思いますが、いきなり2時間を取ろうと思うとムリがあるので、まずは朝自宅で、出社前に30分くらいを確保するか、周りの人が出社する30分くらい前に出社して、自分の時間を確保することをオススメします。

いずれにしても **「早起き」** がテーマになってくるでしょう。

早起きといっても、**今よりも30分だけ早く起きることで、ゴールデンタイムをつくることができる**と思えば、トライする価値は十分にあります。

例えば、今、朝7時に起きている人が6時30分に起きるためには、まずは、6時50分に起きることから始めてみることです。これが1~2週間続けば、次に6時40分に起床する段階に持っていけます。そして、それができれば、6時30分から活動を開始することがムリなく習慣化できるのです。

朝のゴールデンタイムの確保により、人生のレベルが一変した実感を持つ私としては、この習慣を身につける価値は、計り知れないものがあります。まさに、ライフバリューが格段にアップする感覚です。

朝の「ゴールデンタイム」のつくり方

目標 **今よりも 30 分早く起きて、朝 30 分のゴールデンタイムをつくる！**

1 いつも朝 7：00 に起きているので、10 分早い 6：50 に目覚まし時計をセットする

1 ～ 2 週間続けて、完全に習慣化させる

2 6：40 に目覚まし時計をセットする

1 ～ 2 週間続けて、完全に習慣化させる

3 6：30 に目覚まし時計をセットする

1 ～ 2 週間続けたら、朝 30 分のゴールデンタイムをゲットしている

4 これを繰り返せば、さらに早く起きれるように！

一日の仕事を「メールの返信から始める」は絶対NG

ゴールデンタイムではなくても、出社してすぐ⑤のメールやメッセンジャーでのやりとりや、⑥の思考のいらない作業に時間を使ってしまうことは、有効な時間管理をするためには避けたいところです。

管理職ともなれば、毎朝数十、数百のメールを受け取っていると思いますが、それらの処理に出社後の1時間や2時間を使ってしまうパターンは、非常にもったいないと言わざるを得ません。

朝の時間は、ぜひ①〜④の需要案件や思考と集中を要する案件、商談や会議など人と直接やりとりするようなことに使ってください。中でも部下とのコミュニケーションに使っていただくと、それぞれの部下が朝をスムーズにスタートできるでしょう。

さらにオススメのパターンは、前日の夕方に、その日の最後の仕事として、部下たちと10分ほどの短い面談時間を取ることです。そして、部下のその日一日の振り返りをし、次の日どう動くか、つまり、ここで言うところの、**「一日のゴールを定め、逆**

算で一日のシナリオを書く」ことの手伝いをしてあげることです。

そうすれば、部下に、その面談の後の時間や、次の日の朝の通勤時間に、そのゴール達成のために一日をどう設計すればよいかを考える習慣ができ、**次の日の朝にロケットスタートができるように**なります。

部下たちがそういう状態になれば、部署全体の生産性が上がるだけでなく、あなたは朝イチから何人もの部下の相談を受けることもなく、あなた自身の仕事に使う時間が取れ、①〜③に集中できるパターンができ上がっていきます。

このような流れができると、「忙しいから残業しなければ無理」というセリフを言うことなく、「じゃあ、明日、各々そういうことでよろしく！」と言って、颯爽《さっそう》と定時に帰る、カッコいいリーダーになっているはずです。

その「会議」は本当に必要か？　投資効果目線で検証する

管理職ともなると、社内会議で時間が埋められ、気がつくと「一日中会議に出ていた」という状態になることがあります。場合によっては、呼ばれた会議にとにかく出席することと、何百ものメール処理に明け暮れるだけで、仕事をやっているような気になってしまうことがあるほどです。

しかし、私がその会社の経営者ならば、毎日そんなことを繰り返している管理職に高い給料を払いたくはありません。**管理職がこんな時間の使い方をしているようでは、給料という投資以上のリターンが期待できない**からです。これでは、ビジネスは到底成り立たないのです。

経営者目線で見ると、会議には、そこに出席する人間の時間あたりの人件費、会議室を使う設備投資費などで、結構なコストがかかっています。**1時間の会議に10名が出席したら、会社としてどれくらいの投資になっていて、その会議での成果がそれ以上のリターンを生むに相応しいものになっているか**を見直す必要があります。

会議に限らず、そういった一つひとつの活動のリターンが高ければ、その会社は高収益体質になり、高い給与も払われます。平成の30年間に、日本の平均給与が先進国中最低レベルになってしまったのも、このようなコスト意識をリーダーたちが持っておらず、ダラダラと「やっているだけ」的な会議を繰り返していることに一因があるのではないかと思います。話がちょっと大袈裟になったと感じる方もいらっしゃるかもしれませんが、**小さなことでも、このような投資→リターンの意識を持つ**ことはリーダーとして非常に大切なことなのです。

「メールのCCレベルの会議」には出席しない

では、問題の「会議」はどうしたらいいのでしょうか？

まずは、**あなたが出席することが絶対に必要な会議以外には出ないこと**です。メールで言えば、CCに入れられている共有レベルの会議には出席しないという感覚です。そのために、会議の主催者にあなたの出席は必須かどうかを確認することが大事です。必須でなければ、出席しない。この見極めの基準を、自分の中できっちりと持ちましょう。

中には「あなたも出席した。そして、その場にいたことは内容に同意したことを意味する」という証拠づくりのためだけに招集される会議もあります。そういった場合も含め、できるだけ不要な会議には出席しないこと。会議の成果だけ知りたい場合は、ミーティングメモだけ共有してもらい、それをチェックすればいいのです。会議が1

時間で、チェックする時間が5分であれば、出席しないことによって、55分が節約できます。

「なぜ、あなたにこの会議に出席してほしいのか」を明確にする

一方、あなたが**会議の開催者である場合は、できるだけ出席者を絞ること**です。

そして、出席してもらう人たちに、会議に先立って、ミーティングアジェンダを配布し**「この会議の目的と期待する成果に対して、なぜあなたに出席していただくことを必要としているのか?」**を明確にすると、その人は「自分がどのようにその会議に貢献できるのか?」を前もってしっかりと考えてきてくれます。

部署内の会議であれば、必要以上に部下を集めないこと。「どちらかというと出席してもらったほうがいい」という部下は招集せず、後で必要な情報だけシェアしましょう。**部下の時間を不必要な会議で奪わないことによって、その部下の仕事の効率がアップ**します。

私がかつて勤めていた外資系の会社では、これをちゃんとやっておかないと、出席

依頼をしたときに「なぜ私の出席が必要なのか、ちゃんと伝えてもらわないことには、出席に応じられません」と言われてしまいます。また、会議の途中で「この会議の内容を聞いていると、私がここにいる理由がよくわかりません。退席させていただいていいですか？」と言われてしまうこともありました。各々がこれぐらい徹底した時間管理をしているので、非常に生産性の高い会社であったわけです。

会議の価値は「投資対効果」がすべて

最も大切なことは、**「会議は熟議の場である」ということを徹底**することです。

連絡事項など情報の共有だけをして、上長だけがほとんど話しているような会議が今でも散見されますが、これほど投資対効果の低い会議はありません。

会議の価値というのは、**課題解決や改善のためのアイデア出しなど、会議の目的のために、出席者同士が熟議すること、そして熟議の成果を生みだすこと**にあります。

その土台となるのが、心理的安全性で、会議の場は、目的達成のために、組織内の上下や、業務経験などに関わらず、参加者が自由闊達に意見やアイデアを出せる場でなければなりません。だからこそ、場に心理的安全性を生みだせるリーダーは、価値が高いわけです。

例えば、私が経営する会社の定例会議では、「研修プログラムの顧客価値を高めるための熟議をする」、つまり、「研修プログラムを実施していただいた結果として、いかに顧客の課題解決に貢献するか？　いかにして、満足度を高めるか？」を真剣に熟議することを常に会議の目的に設定しています。

こうした目的の設定を徹底することで、非常にリターンの高い会議が実行されます。

必要のない会議に出席することを避け、自分が開催する会議の投資対効果を上げる、これができれば、時間を有効活用することができ、浮いた時間を先述の①〜④に回すことができます。

このように**「何に無駄な時間を費やしているか？」「せっかく投資した時間を、どうしたら有効なリターンに変えていくことができるか？」**をしっかり考え、マネジメントしていくことが、リーダーの時間管理の質を上げていくことにつながります。

Check Point

- リーダーは、チームマネジメント以前に、自分自身をマネジメントする必要がある。自己管理の対象は「感情」「ストレス」「時間」の3つ
- リーダーが不機嫌なチームは雰囲気が停滞し、活力を奪い、生産性が悪くなる
- 感情をコントロールしてチームの雰囲気をよくするのは、リーダーの最優先業務
- 「ストレス」は避けられないので、どう対処するかを考える。効果的なのは「客観性を身につける」「不要な我慢をしない」の2つ
- 自分が今置かれている状況をファクトベースで「紙に書きだす」と、自然と現状分析が冷静にできて、ネガティブ感情が抑えられていく
- ストレスの大敵である「我慢」は、「必要な我慢」と「不必要な我慢」の2つに分けられる。怖いのは「不必要な我慢」に無自覚なこと
- 時間を有効活用するために、「ゴールデンタイム」は思考を集中する仕事に充てる
- 会議は「熟議」の場。投資対効果で検証し不要な会議には参加しない、招集しないを徹底させる

第7章

リーダーへの道【Q＆A編】

最後の章は、私が企業研修の場などで、リーダーの方から頻繁に受ける代表的なお悩みをピックアップして、質疑応答の形でお答えしていきます。ここまでお伝えしてきた内容の復習のつもりで、「自分だったらどうするか？」を、ぜひ一緒に考えてみてください。現場での実践のヒントになれば幸いです。

Q1

チームでビジョンを作るミーティングを開いても、
ほとんど発言しない人がいます。
こうなると、「全員で作っている」という感覚を
チームにもたらすことができません。
どうしたらよいでしょうか？

チーム全員でビジョンを作りたいが…

A1

ほとんど発言しない人の中には、実は**自分なりの意見や考えはちゃんとあるのに、それをミーティングの場で発言するということに躊躇する人**がいます。このような人に意見を出してもらうためのひとつの方法は、**「書いてもらうこと」**です。

例えば、ミーティングで「このことについてのアイデアをまずは紙に箇条書きにしてみてください。いくつも書いてもらえるとありがたいです」と全員に伝えてみましょう。そうすると、このような人は書くスピードは、少し遅いかもしれませんが、意外に多様なアイデアを持っていたりします。そして、「では、今書いたことを一人ひとり簡潔に教えてください」と伝えると、書いたことを読み上げるぶんには抵抗が少ないので、アイデアや意見が出てきます。

彼らは、**ミーティングの場など、大勢の場所での発言が苦手なので、まずは１on１でしっかりと傾聴しながら、意見やアイデアを出してもらい、それをあなたが否定せず、ちゃんと受け入れるということを繰り返していく**と、そのうちに「意見を言ってもいいんだ。アイデアを出してもいいんだ」という感覚になっていきます。

こうした経験を経て、改めてミーティングの場で「○○さん、このことについて、○○さんの意見はどう？」と振れば、ちゃんと答えてくれるでしょう。

「仲良しグループ」を「機能するチーム」へ

Q2

「仲良しグループ」を「機能するチーム」に進化させることに難しさを感じています。リーダーとしての注意点はなんですか？

A2

「仲良しグループ」には緩い雰囲気があります。メンバー同士の仲も良く、仕事も緩い感じなので、多くのメンバーたちはそこそこハッピーです。特に、あまり一生懸命に働きたくない人には好都合な環境でもあります。だからこそ、変化しづらい状態になっているのです。

リーダーのあなたが、これを「機能するチーム」にしたいのであれば、まずあなたがこの状態から抜け出し、**本気で機能するチームに移行する覚悟が必要**です。あなた自身、この緩い雰囲気に慣れてしまっていませんか？

まずは、第3章でも述べたように、**チームの目的と目標を明確にし、それをメンバー一人ひとりがしっかりと意識し、コミットする状態にすることです。**

これは、その目標を達成する意味を日々繰り返し伝え、あなたの「本気度」を皆さんが感じるくらいの取り組みが重要です。それを少しでも「大変だなあ」「めんどくさいなあ」などと思って尻込みするようでは、あなた自身が仲良しグループの象徴的存在であることが証明されてしまうので、注意してください。

一方、この緩い環境にある程度満足しているメンバーもいます。こういう人は、あなたの変革の動きに抵抗を示すでしょう。「そんなに勢い込まれても」というような受け止め方をする可能性が高いです。

このとき絶対やってはいけないことは、こういった人たちを**「お前らそんなことだからダメなんだ」と、否定する姿勢で対峙してしまうこと**です。特に創業タイプのリーダーは、これをやってしまいがちです。**抵抗があっても、淡々と冷静に、リーダーとしての変革の意思と、変革後の明るい未来、つまりビジョンを、相手が根負けするまで本気で語り続ける**ことが大切です。

反対に、それまでの緩い雰囲気が合わず「もっとしっかりとやりたい」と思っていたようなタイプの人は、あなたの本気度に共鳴するでしょう。こういった人は、早い段階で味方になってくれるので、変革の手助けを依頼することができます。

ここでも気をつけなければいけないのは、抵抗のある人たちがこの人の足を引っ張ろうとする可能性があることです。これは、ヤンキーグループにいた人が、ちゃんと勉強しようとし始めたとき、仲間がそれまで以上に遊びに誘う感覚と似ています。リーダーとしてそのあたりのケアをすることも、必要です。

Q3

「可能性承認」がうまくいかない

仕事がうまく進んでいない部下に、
「可能性承認」のコミュニケーションをしてみるのですが、
「どうすればよくなるだろう？」と投げかけてみても、
「すみません。自分の段取りが悪いだけなのです」
などの回答しか返ってきません。
どうしたらよいでしょうか？

A3

こういう部下は、**今やっている仕事に自信がなく、結果が出ていないことに罪悪感を持っている**ことがあります。ここから一歩進めることを支援するのが、リーダーの役目です。

「どうすれば？」という問いに対しては、自信のある答えがなく、「良い答えをしなければならない」という観念が強いので、「自分の段取りが悪いだけ」という答えをせざるを得ないのでしょう。

ここは、もう少し答えやすい質問を付け加えてみるのはいかがでしょうか。「どうすれば良くなるだろう？」の後に、**「例えばでいいですよ。正解不正解を気にせずに」**と付け加えてあげると、「例えばでいいんだ」「正解でなくてもいいんだ」と、相手の観念が緩み、回答が出てきやすくなります。

さらに、何か答えが返ってきたら**「おお、いいね。ほかには？」**と付け加えてあげると、複数の答えが出てきます。質問が詰問のようにならず、**心理的安全性の高い、柔らかい雰囲気をつくってあげる**ことも大切です。

Q4

実績評価と行動評価

良いところを見つけ、承認することを実践したいと思いますが、
業務実績を求められる人事評価の中で、
営業成績でのランク付けは切り離せないのが実態です。
部下からすると、
「承認していると言うが、実際の評価は低い。
やはり承認されていないのではないか」
と感じることもあると思います。
そのような場合はどのような対応が効果的でしょうか？

A4

評価ミーティングなどで大切なことは、**営業実績の数字などを「事実は事実」として扱うこと**です。目標設定ミーティングで、上司と部下がお互いに確認し、コミットしたことに対する結果を、ファクトベース、数字ベースで、事実として扱うことをためらってはいけません。仮に、目標の80％で未達だったのであれば、それはそれで事実として確認し、それをもとにした評価をするのは、なんら不公平ではありません。

そして、**それとは切り離した形で、部下の行動や取り組みに対しての承認**を行い、部下の心のエネルギーを上げ、次期に気持ちよく向かってもらえることができればベストでしょう。

組織によっては、実績評価に行動評価が加わるので、行動評価に関しては「部下が仕事にどう取り組んでいたか？」「ベストを尽くしていたか？」ということを、フェアに評価します。あなたの部下に対する行動評価に対して、部下が「上司の評価はフェアである」と納得する上で必要なのは、**部下の動きを普段からしっかりと把握していること**です。そのためにも、**普段から部下の話を傾聴したり、動きをちゃんと観察しておく**ことが肝心です。

Q5

部下との対等な関係を重視するあまり、
部下との関係性がフランクになり過ぎることはないでしょうか？
「承認」をし過ぎると、部下に舐められないかと心配になります。

対等な関係でも節度を保ちたい

A5

対等の関係というのは、**相手を一人の人間として尊重すること**です。関係がフランクでも、お互いの尊重があり、あなたがリーダーとして確固たる目的意識を持ち、それに向かってベストを尽くしているならば、舐められることはありません。

そして、関係性という点では、上司と部下は友達ではありません。**仕事上の目的を共有する同志**です。ここを履き違えないようにすることが大切です。

舐められるとしたら、相手に迎合したり、相手を動かすために、心にもない褒め方をしていたりするからでしょう。**これは相手への承認ではなく、あなたが「この人をうまく動かしたい」とか「いい上司と思われたい」というような、あなたの利益のためにしていること**です。このような、自分本位な関わりは、部下に見透かされ、かえって舐められる原因となります。

Q6

年上の部下がいます。
昔は現場での仕事で活躍していた方なのですが、
今の仕事の流れややり方についていくのがイヤなのか、
昔ながらの仕事のやり方に固執して、
ほかの部員たちと協働ができず、成果も残せていません。
どう対応したものかと困っています。

年上の部下のマネジメント

A6

年上の部下の方が、それまでの仕事のやり方を手放すことができないのは、大きく分けて、そこに**成功体験があるので変えられない場合と、単純に新しいやり方がわからないがゆえの抵抗感がある場合の2通り**があります。まずそこを確認しながら、相手に必要以上に気を使うのではなく、しっかりと尊重の念を持って接することが肝心です。

成功体験がある場合は、それが今でも「正しい」と信じ込んでいるケースがあります。その場合、**そのやり方が「古い」とか、「今流でない」という扱いにすることは避けたほうがよい**でしょう。それは、その方自身に「もうあなたの時代ではない」というメッセージを送っているととらえられかねないからです。

その場合は、チームのほかのメンバーがやっているやり方を取り入れることが、その方にどういうメリットをもたらすかを、客観的に説明することが肝心です。

また、その人が新しいやり方を取り入れないと、チームとして困る場合は、**「チームのメンバーと一緒にやっていくために、今までのやり方を捨てられる勇気ある存在だと信じている」**として、承認のメッセージを送ることが有効です。

　ここでも、新しいやり方がわからない、慣れていないがゆえの抵抗感は出てくると予想されます。これには、年上としてのプライドも邪魔してきます。

　その場合は、その部下に期待するのは、新しいやり方をうまくやることではなく、その先にある「ともにゴールの達成を目指すことへの貢献」であることを明言し、**ゴール達成のために、「あなたの協力が必要だ」**というメッセージを投げることです。

　これらが、その方の中にある、「今までのやり方を捨て、新しいものを取り入れることへの恐れ」を払拭してくれるでしょう。

Q7

自分に心を開いてくれない部下

普段のコミュニケーションが明らかに少ない部下がいます。
向こうから相談もないので、仕事の進捗は大丈夫なのか、
メンタル面は大丈夫なのかもよくわかりません。
確認しても「大丈夫です」と言うだけなので、不安になります。

A7

これは、上司として放っておいてはいけない課題です。

まず、自分からコミュニケーションを取ろうとしないタイプであることが考えられます。また、**相談してくれないのは、相手に原因があるだけではなく、あなたとの関係性に原因がある場合が多い**ことにも注意が必要です。ほかの人とは気さくに話しているのに、あなたには、なかなかコミュニケーションを取ってくれないのだとしたら、これはあなたに信頼関係を感じていないということです。

しかしいずれの場合も、あなたの関わり方次第で状況は変わります。

よく言うように、仕事の進捗や、心身の問題を確認するときに、**「大丈夫か？」という質問は意味をなさない場合が多いことに注意が必要**です。部下に「大丈夫か？」と聞いて、「大丈夫です」と答えが返ってくるから、「大丈夫」と思い込むのは危険。「大丈夫じゃありません」と素直に答えられる部下のほうが、少ないからです。

会話では、**「状況を聴かせてくれますか？」**というところから始めますが、ここでも、お互いの信頼関係がないと、相手は警戒をして当たり障《さわ》りのないことしか話さないことになります。

例えば、ここで**「途中でこちらから話を挟まないので、もう少し詳しく聴かせてください」**などと、相手を安心させる投げかけをすると効果的です。場合によっては**「守秘義務は必ず守って、ここで話されたことは、他言しません」**と明言することも大切です（ただし、一度約束したら、必ず守ってください）。

最も大切なのは、あなたの**「聴く姿勢」**です。こちらの言いたいことばかり言っていたり、要求したいことばかりを並べ立てていては、相手の心の扉は開きません。

こうしたケースでは、相手との会話に沈黙が生じがちになりますが、そこでも**「相手の言葉をしっかり待つ」**ことが肝心です。相手が安心できるような環境をつくってあげることで、言葉が少しずつ出てくるのです。

Q8

会社や業務に関して、愚痴や文句の多い部下がいます。休憩時間や飲み会などで、周りの雰囲気を乱すこともあって、困っています。

愚痴や文句ばかり言う部下

A8

あなたの中に、「愚痴や文句が多い＝やっかいな人、他責の概念の表れ」などというとらえ方がありませんか。

愚痴や文句が多いのは、一生懸命やっているがゆえの心の叫びであり、周りの環境がよくなってほしいという強い願望が、言葉となっているのかもしれません。

いずれにしても、満たされないものがあり、そのはけ口が欲しいのでしょう。

ここでまず大事なことは、**相手が愚痴や文句を言いたくなる気持ちの受け入れ**です。受け入れといっても、「愚痴や文句を言いたくなるのはわかる」のような共感をする必要はありません。「愚痴や文句を言いたくなるのですね」という事実確認の言葉で十分です。

いったん受け入れた後は、相手が**「本当はどうなるとよいと思っているか？（望ましい未来）」**を聴いてあげる。そしてその未来のために、相手がコントロールできることと、できないことがあると、相手にわかってもらってください。そうして、相手がコントロールできることに意識と行動を集中してもらうのがいいでしょう。

その望ましい未来について、上司であるあなたも一緒に考えるという態度を見せることで、その部下の不満は少しずつ解消されていくはずです。

その上で、**「愚痴や文句は禁止」というルールを伝える**のも有効です。これはチームが目標を達成する上で重要なルールであることを強調しておきましょう。ほかのメンバーにも徹底してください。

また、それ以前の前提として、あなたが会社や、あなたの上司に対しての愚痴や文句をチームメンバーの前で言わないこと。あなたがやっていることを、部下にやらないように働きかけるのは無理があります。これをしっかり守るのが、リーダーとしての確固たる姿勢です。

Q9

仕事は丁寧で信頼できるのですが、
時間をかけて仕事をするために、
残業が多くなりがちな部下がいます。
会社的にも残業を減らす方針であり、管理者として
どのようにアプローチをしたらよいのか迷っています。

仕事は丁寧だが残業が多い部下

A9

丁寧なぶん、時間がかかるという見方もできますが、「手抜きができない」という長所でもあり、それが信頼感につながっているのでしょう。

そこは、**この方の「強み」でもあるので、そこを大事にしながらアプローチをすることが**肝心です。

まず、このような部下の仕事は、信頼度が高いため、本人のスキルに合ったレベルの高い完成度が求められる仕事に集中してもらい、それ以下のレベルの仕事は、ほかの人に振ったり、外部委託をするという上司の判断も重要です。

また、いい意味で仕事への集中度が高いため、時間感覚がなくなる傾向があります。そこで、**相手の仕事への信頼感をちゃんと伝えた上で、時間管理の提案**をしてみてはいかがでしょうか。合意の上で、**時間管理を成長課題のひとつとして定めてみる**のもよいと思います。仕事の仕上げ期限や提出期限について、合意を取って進めることも重要です。

さらに大事なことは、一気に残業ゼロや、劇的な残業時間削減を目指すのではなく、仕事のクオリティを落とすことなく、少しずつ段階的に、残業時間を減らすことを目標にします。順調に減ってきたら、それを成果として一緒に喜んでください。

もともと真面目な性格であるこのタイプの人は、「小さな成果」を喜べるので、上司がその成果を共有してくれることに、嬉しさと安心感を感じてくれることでしょう。

Q10

モチベーションの低い部下

仕事へのモチベーションが明らかに低い部下がいます。
業務がつまらないのか、私への不満があるのか、
原因はわかりませんが、
その態度が部署全体に与える影響もあり、
対処に困っています。

A10

部下のモチベーションが上がらないことには、様々な理由があります。あなたとの関係性が、部下のモチベーションを下げる大きな原因になっている場合は、関係性改善のための働きかけが第一です。

ここでは、関係性以外に原因があり**「今やっている仕事にフィット感がない、価値を感じていないケース」**について取り扱うことにします。

このケースでは、まず部下が仕事において、価値を感じることを聴きだしてあげることが有効です。人の「価値観」は、その人の好きなことだけでなく、ポジティブにしろネガティブにしろ、その人の感情が大きく動くことに関係しています。それらを聴きだすことができれば、その人が何を大切にしているかのヒントをつかむことができるでしょう。そして、**「その価値観を理解し、共有しているよ」**とのメッセージを投げることで、部下に「上司にわかってもらえた」という安心感が生まれます。

ただし、上司であるあなたとの関係性が良くないと、なかなか大事なことを話してくれません。その場合は、Ａ７（２３３ページ）で述べたように、まず関係性の改善がファーストステップとなります。

その上で、今やっている仕事で、その価値を感じる場面があるかどうかを一緒に探してあげることで、なんらかの接点を見出すことができるかもしれません。

また、**仕事で実現したい未来（お金を稼ぐとか出世するといった類のものではない）をイメージしてもらい、その未来を達成するために、今やっている仕事がどんなかたちで関連しているか**を探ってみることも有効です。関連が見つかった場合は、自ずとモチベーションは上がっていきます。

それらに全くフィット感がない場合は、チーム内や社内で、その部下の価値観とフィットしそうな業務を探してあげることも大事でしょう。

Q11

周囲に振り回されて時間管理ができない

上司や顧客からの急な要請が多く、
それらに振り回されて、
自分のペースをつくれずに困っています。
時間管理がなかなかできない日常を
どうしたらよいでしょうか？

A11

これは、守成タイプの人の多くが持つ悩みです。

守成タイプの人は、人に合わせようとする傾向があります。これが、良いかたちで出ると、協調性の高さや、相手を慮る行動につながります。

しかし、気を使い過ぎたり、自分より相手を優先し過ぎたりする面もあり、自分のペースをつくることが苦手です。

まずやってみる価値があることは、**「例外を体験する」**ということです。

特別に緊急なものは除き、**「早く対応したほうが、相手によい印象を与える」と思っていることよりも、自分の中で進めたいことや、自分の時間を落ち着いて取ることを意図的に優先してみて、今までとの例外を作ってみる**のです。毎回でなくてもいいので、例えば5回に1回でも、自分のことを優先して、そこで起こったことを経験してみましょう。

おそらく、自分のことを優先しても、ほとんどのケースでなんら問題がないことを知るでしょう。ここでお伝えしたいのは、**「要請通りに早く対応しなければいけない」というのは、こちらの思い込みかもしれない**ということです。

例えば、上司からの要請であれば、「3日以内にやって」という話であっても、

「この件の緊急度と重要度はどれくらいでしょうか？
今、〇〇の件で立て込んでいるので、その後に取り組んで、1週間後には然るべきかたちでお出しできるのですが、どうでしょうか？」

と言ってみたら、すんなり受け入れられる場合もあります。よほど緊急のことでない限り、相手もバッファを持って要請しているケースが多いわけです。

そして、何よりも、**リーダーとして、あなたのやっていること一つひとつの、チーム全体の目的に対する優先度をしっかり見極めておく**ことが大事です。それよりも相手からの要請に答えることが優先されるかどうかを判断することです。

これも、大事なリーダーシップだと言えるのではないでしょうか。

Q12

時間管理のための習慣をつけようと思って、
いろいろやっているのですが、
やることが多過ぎるせいか、
何ひとつ満足に習慣化できていません。

習慣化がうまくできない

A12

身につけたい習慣が複数あったら、その中で**優先順位**をつけてみましょう。
そして、一番優先度の高い習慣を、まずひとつ続けてみることです。
3週間ほど続けられたら、すでに定着化が進んでいます。目安としては、**2カ月続けられれば、ほぼ習慣化**します。そうしたら、次の優先度の習慣に取り組みます。

このように、**長期戦の感覚で地道にやる**ことが肝心です。忙しい中、新しい習慣を3つも4つも同時に身につけようと思ったら、数日ですべて立ち消えになるでしょう。

優先度の高い業務がたくさんある中で、複数の習慣を一度に全部身につけようとすること自体に無理があるのです。

習慣化は、複利の資産運用のようなものです。地道に続けることによって、やがて驚くような内的資産をあなたにもたらします。手っ取り早い結果を求めるのではなく、**長期的な計画として取り組むことで、長い目で見て、大きな違いを生むことになる**のです。そのためには、まず、最も優先度の高いことをひとつ、確実に習慣化することによって「習慣化の実績」をつくることが重要です。

たとえ3カ月かかったとしても、あれもこれもとたくさんやってなにひとつモノにできないより、大きな一歩を踏み出せるはずです。それに、ひとつできると、２つめはずっと簡単に身につけることができるもの。こうしてあなたは、人生成功の原動力となる「習慣力」を、確実に身につけられるようになるのです。

エピローグ

京セラやＫＤＤＩの創始者であり、亡くなった今も、不世出の偉大な経営者として絶大なる尊敬を集める稲盛和夫さんは、リーダーとして大切なことの第一義を「人間性」と説きました。そして、その第二義を「勇気」と説きました。

さらには、その第三義として掲げられた「能力」が、リーダー選出の第一義として扱われることに警鐘を鳴らされていたことも印象的でした。「能力」が高いだけで、「人間性」も「勇気」もない人間がリーダーになったとき、組織には甚大《じんだい》な被害がもたらされるからです。**能力の前に、人として誠実であり、他人への慮りがあり、部下のために誠意を持って接する人、変化に対応する大変な局面でも、勇気を持って臨める人であることが、リーダーに求められる**ことなのです。

一方、リーダーとして日々、様々なことに直面するのは、大変なことです。自我を抑えて、部下の話をちゃんと聴いてあげることなどにも、大きな忍耐を要します。

部下の皆さんは、チームの目標達成のために、その人生の大切な時間をともに費やしてくれている同志です。その同志に対して、尊重と承認の心を持って接することが、リーダーとしてのあり方。この基本を、ややもすると、つい忘れかけてしまいがちな日々の中、「信頼関係」というリーダーシップの土台を作るために、然《しか》るべき意識と行動、そして習慣をつけていくことができるかどうかが、大きな差を生んでいくと痛感します。

本書で繰り返し述べてきたように、それらを含めて、**まず自分自身をマネジメントできていることが、フォロワーから望まれるリーダーになるための第一歩**であることを、リーダーの一人として改めて心に留めたいと思います。

リーダーシップとは、変化に対応する力。

言うのは簡単ですが、実際に世の中の荒波に揉《も》まれながら、変化に対応することをリードしていくことは、簡単にはいかないことです。それを、ポジションパワーに頼って人を動かすという安易な方法ではなく、己が培ってきたパーソナルパワーを中心に、「**人の心を動かしていくこと**」は、同時に、自己陶冶のチャレンジを行っていることでもあると言えるのではないでしょうか。

リーダーシップの道は、人としての自己成長の道であるとも言えます。これほどまでに、己と己の人間性を鍛えてくれる道は、ほかになかなかないでしょう。

本書では、このように価値ある大変な道のりを、大きな負担なく歩んでいけるように、できるだけ小さなステップになるように工夫して、お伝えしました。

本書があなたのこれからの成長に、お役に立つことを願っております。リーダーとして悩むことがあったら、再び本書を開いてみてください。

また、私が経営する株式会社チームダイナミクス（https://teamdynamics.co.jp）では、リーダーの育成や、一人ひとりがイキイキと働くことができる組織作りのお手伝いをしています。

これらのお悩みや課題については、ぜひ inquiry2019@teamdynamics.co.jp までご連絡ください。お話しさせていただくことを楽しみにしております。

最後に、この本の執筆に辛抱強く伴走していただき、サポートしていただいた三笠書房の編集部や営業部、関係者の皆さんに、心からお礼を申し上げたいと思います。

株式会社チームダイナミクスのプリンシパルパートナーとして、いつも頼りにさせていただいている仲間である井川由香里さん、遠藤崇之さん、黒澤千美さん、関口ひさ子さん、寺島義智さん、三石崇さん、山田覚也さんに感謝です。あなたたちと一緒に道を進むことによって、私自身のリーダーとしての成長も大いに促進されていると感じます。

ほかにも感謝させていただきたい方はたくさんいます。ここには書ききれませんが、すべての皆さんに心からの感謝を送らせていただきたいと思います。

あなたは力です。

力の結晶です。

三浦　将

うまくいくチームは
カリスマに頼《たよ》らない

著　者――三浦将（みうら・しょうま）
発行者――押鐘太陽
発行所――株式会社三笠書房
〒102-0072 東京都千代田区飯田橋3-3-1
電話：(03)5226-5734（営業部）
：(03)5226-5731（編集部）
https://www.mikasashobo.co.jp
印　刷――誠宏印刷
製　本――若林製本工場
ISBN978-4-8379-2962-8 C0030